KB213444

미래를 준비한

세계의
도시들②

미래를 준비한 세계의 도시들 2

지속 가능한 도시, 어떻게 만들어 왔나?

초판 1쇄 발행 2025년 2월 10일

지은이 이두현, 류주현
펴낸이 장길수
펴낸곳 지식과감성#
출판등록 제2012-000081호

교정 이주희
디자인 강샛별
편집 강샛별
검수 한장희, 이현
마케팅 김윤길

주소 서울시 금천구 벚꽃로298 대륭포스트타워6차 1212호
전화 070-4651-3730~4
팩스 070-4325-7006
이메일 ksbookup@naver.com
홈페이지 www.knsbookup.com

ISBN 979-11-392-2396-5(93350)
값 16,700원

지식과감성#
홈페이지 바로가기

미래를 준비한

세계의 도시들②

지속 가능한 도시, 어떻게 만들어 왔나?

이두현, 류주현 지음

지식과감성#

목차

독일 엠셔파크

미국 산타페

6부

일본 가나자와

서문

 세계 인구의 절반 이상이 거주하는 곳, 우리나라 국민 10명 중 9명이 거주하는 곳, 인류가 탄생했고, 수많은 생성과 소멸이 반복하면서 진화해 나갔던 곳, 이곳은 바로 도시입니다. 2050년이 되면 세계 인구는 약 100억 명에 도달하게 되고, 약 75%의 인구가 도시에 거주하게 됩니다.

 태생적으로 도시는 행복, 사랑, 욕망, 지루함 등의 경험적 공간을 연구하는 심리지리학Psychogeography이나 전염병의 확산 과정을 통해 그 패턴과 패러다임, 인류의 미래를 예측하는 메디컬지리학Medical Geography 그리고 천체의 움직임과 중력 효과 등 대기권 밖 공간의 특성을 연구하는 우주지리학Spatiography처럼 예측하는 데 한계를 지닙니다. 경험이나 직관을 배제하고 과학적인 사실만으로 설명할 수도 있지만 복잡계 속의 도시를 예측한다는 것 자체에 필연적으로 모순이 뒤따르기 때문입니다.

 최근 인공지능, 클라우드, 메타버스, 사물인터넷, 빅데이터, 블록체인 등 새로운 산업 기술이 이끌어 가는 4차 산업혁명으로의 대전환으로 인해 도시는 수많은 변화를 경험하게 되었습니다. 물론, 그 누구도 예측하지 못했던 코로나19 팬데믹과 지구 온난화로 인한 수많은 자연재해도 겪었습니다. 지금 세계는 새로운 이념적, 정치적 대립과 경제, 문화, 민족, 종교 등 다양한 부문의 이해관계가 첨예하게 대립하면서 많은 도시가 갈등에 직면하게 되었습니다. 기후 위기는 당연한 일이 되었고, 이제는 보다 더 복잡해진 난제들이 도시의 생존을 위협하고 있습니다. 특히 국내에서는 예전부터 인구 감소로 인한 지방 소멸의 위기에 봉착하게 되었습니다. 그런데 지금은 지역 소멸, 즉 대도시 소멸까지도 걱정해야 하는 시기가 되고 말았습니다.

인류의 미래는 결국 우리가 살고 있는 도시에 있습니다. 이제는 더 이상 도시 소멸을 방관해서는 안 됩니다. 도시가 당면한 문제를 발견하고 해결해 나가면서 삶의 지속 가능성을 높여 나가야 합니다. 바로 여기, 미래를 준비해 온 도시들이 있습니다.

미국의 샌프란시스코, 영국 리버풀, 스페인 빌바오, 독일 엠셔파크와 뒤셀도르프, 미국 산타페, 일본 가나자와 등입니다. 바르셀로나, 볼로냐, 글래스고, 헬싱키, 오스틴, 싱가포르, 요코하마 등 첫 번째 편에서 다루었던 도시들과 같이 이들은 여러 위기 상황에서도 도시가 지닌 창조성을 발견하고, 도시 재생, 문화 도시, 생태 도시, 스마트 도시 등의 다양한 전략을 추진하면서 도시의 지속 가능성을 높여 왔습니다. 그 결과 도시 패러다임의 지속적인 변화 속에서도 굳건히 그 자리를 지키며 도시의 혁신을 주도하였습니다.

최근에는 지속 가능한 도시의 미래상으로 첨단 기술 기반의 친환경 도시에 대한 설계가 진행되고 있습니다. 사우디아라비아에서는 첨단 기술 기반의 자급자족형 환경 도시인 네옴시티를, 미국에서는 최초의 태양 전력 발전 도시인 밥콕랜치와 탄소 중립 도시를 목적으로 개발되고 있는 미래 도시인 텔로사를, 중국에서는 업무용 친환경 첨단 도시인 넷시티 등을 계획하고 있습니다. 또한 인도네시아에서는 기후 위기로 수몰 위기에 처한 수도 자카르타를 보르네오섬의 이스트칼리마탄으로 옮기는 법안이 통과되었고, 해수면의 상승으로 여러 섬이 사라지고 있는 몰디브에서는 물 위에 뜰 수 있는 수상 도시를 계획, 추진하고 있습니다. 물론 비판적인 견해들도 있지만 이러한 아이디어는 이제 그 당위성을 인정받기 시작하였습니다. 인공지능과 사물인터넷 등 첨단 기술이 등장하고, 기후 변화와 불평등과 같은 인류가 당면한 도전에 대응하기 위한 새로운 전략들이 필요하기 때문입니다.

여러분이 이 책을 읽는 순간에도 도시는 새롭게 변화하고 새로운 난제들로 서로가 머리를 맞대고 있을 겁니다. 그것이 도시를 살리는 원천이 될지, 아니면 도시를 쇠퇴시키는 부정이 될지는 그 누구도 모를 일입니다. 다만 이러한 변화들이 도시의 지속 가능성을 높여 나가는 데 있어서 새로운 기회가 되길 바랍니다. 무엇보다 여러분이 살고 있는 도시의 미래상은 여러분 스스로 그려 나갈 때 가장 아름다운 작품이 됩니다. 여러분은 이미 그 어떤 전문가들보다 도시가 겪고 있는 문제들 하나하나를 섬세하게 파악하고 있을 뿐만 아니라 사실 실질적인 해결 방안까지도 스스로 제시할 수 있기 때문입니다. 이 책을 읽으며 여러분 스스로가 아이디어를 내고 프로토타입을 만들어 내는 창조자가 되어, 그 역동성을 함께 느끼며 도시의 미래 모습을 그려 보길 바랍니다.

끝으로 이 책을 집필하고 가다듬는 과정에서 아낌없이 조언해 주신 여러 선생님들께 감사드립니다. 또한 이 책이 출판되기까지 편집과 디자인에 정성을 기울여 주신 지식과 감성 장길수 대표님과 이주희 교정자, 이현 편집자님께 진심으로 감사의 마음을 전합니다.

1부

미국 샌프란시스코

도시 개관

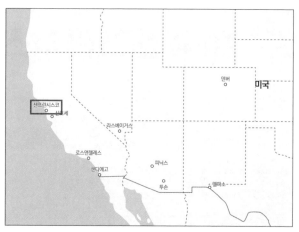

샌프란시스코의 위치

'안개 도시', '서부의 파리' 등으로 불리는 샌프란시스코^{San Francisco}, 공식적인 명칭은 'City and County of San Francisco'입니다. 면적은 121.4㎢, 인구 규모는 808,988명^{2023년 기준}입니다. 도시 주변을 따라 인구 규모 약 500만 명의 샌프란시스코 대도시권이, 산호세-샌프란시스코-오클랜드로 이어지는 샌프란시스코만 일대에는 인구 규모 약 1,000만 명의 광역도시권이 형성되어 있습니다. 겨울에는 습도가 높고 여름에는 건조하고 온화한 지중해성 기후가 나타납니다.

샌프란시스코는 아메리카 인디언 오흘론 부족의 작은 마을들로부터 시작되었습니다. 16세기에는 몇몇 유럽 탐험가들이 캘리포니아 연안을 항해했으나, 암초를 피하기 위해 골든게이트 서쪽의 패러론^{Farallon}섬을 통과하지 않아 샌프란시스코는 한동안 미지의 땅으로 남았습니다.[1] 그 후, 1769년에 스페인 탐험가 가스파 드 포르톨라Don Gaspar de Portolà가 이끄는 스페인 탐험대에 의해 샌프란시스코가 처음으로 발견되었습니다. 당시의 신부인 조세 프란시스코 오르테가Jose Francisco Ortega가 이 발견을 기록했습니다.

1776년에 스페인은 샌프란시스코에 항구를 조성하였으며, 이어서 스페인 선교사 후안바티스타 데 안자Juan Bautista de Anza에 의해 가톨릭 수도회인 샌프란시스코데아시스 선교회Mission San Francisco de Asís[2]가 설립되었습니다. 이후 샌프란시스코는 스페인의 식민지가 되어 식민지 요새와 기독교 포교의 역할을 담당하였습니다.

1821년에는 멕시코가 스페인으로부터의 독립을 얻으면서 샌프란시스코를 멕시코의 영토로 귀속시켰으나, 이후 미국과 멕시코의 전쟁에서 미국이 승리하여 미국령이 되었습니다.[3] 이때 13세기 이탈리아의 아시시의 수도회 창립자인 성 프란치스코의 이름을 따서 '샌프란시스코'로 명명되었습니다.

1849년 골드러시Gold Rush로 인해 샌프란시스코는 금을 찾아온 사람들이라는 의미에서 '포티나이너스fourty-niners'라는 별칭까지 붙여졌을 정도로 그 열기가 대단했습니다. 1850년 새크라멘토[4]를 위시하여 캘리포니아

---

1) 「[미국] 금문교 너머로 보이는 한 폭의 그림같은 도시」, 외교부 서포터스 공식 블로그(https://blog.naver.com/mofakr/220449008046).
2) 샌프란시스코에서는 돌로레스 선교원(Mission Dolores)으로도 불린다. 원래의 장소에서 이전하여 1782년 근교에 건축되었다. 1906년 대지진에도 현존해 남아 있다(리처드 카벤디쉬 외, 2009).
3) 「[미국] 금문교 너머로 보이는 한 폭의 그림같은 도시」, 외교부 서포터스 공식 블로그(https://blog.naver.com/mofakr/220449008046).
4) 대륙횡단철도와 센트럴밸리 남북 횡단 도로의 교차점으로 골드러시의 진원지이다.

전 지역이 정식 주로 편입되었습니다. 도시가 급속히 성장하면서 미국 서부 해안에서 가장 큰 도시가 되었고 미국의 주로 승인되었습니다.

개척 당시 샌프란시스코 항만 경관[1851년]

1859년 가까운 네바다 지역에서 거대한 은광이 발견되자 그 배후 도시로 고속 성장을 이어 가게 되었습니다. 당시 은광에서 3억 달러어치 은이 발견되었습니다. 도시의 성장은 다양한 국적의 이민자들을 유인하였고, 여러 나라에서 유입된 이민자들로 인해 다양성이 깃든 도시로 명성을 얻었습니다. 하지만 1900년부터 1904년까지 도시에 전염병이 유행하게 되었고, 1906년 도시를 뒤흔든 대지진이 발생하였습니다. 규모 7.9, 진도 11에 달하는 거대한 지진으로 도시 대부분이 파괴되어 그 기능을 상실하였습니다. 건물은 붕괴되고 파열된 가스관에서 새어 나온 가스로 시작된 화재는 사흘간 약 2만 8천 동의 건물을 불태웠습니다. 인구 약 40만 명 중 약 28만 명이 집을 잃었으며 수만 명이 부상을 입고 이스트 베이로 떠났습니다.[5] 다음은 당시의 기억을 잭 런던[Jack London]이 기록한 내용입니다.

샌프란시스코가 사라졌다! 남아있는 것이라고는 추억 그리고 외곽의 주택 약간뿐이다. 공업구역은 없어졌다. 유흥가와 주택가도 없어졌다. 공장과 창고들, 대형 상점과 신문사 사옥들, 호텔과 대저택들도 모두 없어졌다. 샌프란

---

5) 「[오늘의 경제소사/4월18일] 샌프란시스코 대지진」, 《서울경제》, 2008.04.17.

미래를 준비한 세계의 도시들 2

시스코라 불리는 도시의 외곽 주택가가 여기저기 조금씩 남아있을 뿐이다. (중략) 20세기 도시의 모든 교묘한 장치가 지진으로 파괴되어 있었다.(존 캐리, 김기협 역, 역사의 원전, 2007. 재인용)

샌프란시스코 대지진

대지진 이후 샌프란시스코는 신속하게 재건되었습니다. 시민의 삶의 질을 높이기 위해 샌프란시스코 계획 및 도시연구협회^{SPUR}가 설립되었고, 상대적으로 피해가 적었던 서부 지역을 중심으로 개발이 이루어졌습니다. 부유층의 저택은 신속히 재건되었고, 서민들도 대출을 제공받아 성공적인 재건이 이루어졌습니다. 미국의 어느 도시보다도 성공적인 재건을 이루었던 샌프란시스코는 제2차 세계대전 당시 태평양으로 출항하는 승선항이 되었습니다.

전쟁 이후 샌프란시스코는 자유주의 운동과 반문화 운동의 중심지가 되었습니다. 1960년대에는 골든게이트 공원 앞에 있는 하이트-애쉬버리^{Haight-Ashbury}로 히피들이 몰려들었습니다.

스콧 맥켄지^{Scott Mckenzi}의 곡인 「San Francisco(Be Sure to Wear Flowers in Your Hair)」는 1967년 히피들의 축제였던 '몬테레이 팝 페스티벌^{Monterey International Pop Festival}'의 홍보 곡이었습니다. 꽃을 꽂고 평화와

자유를 외치는 플라워 무브먼트^{Flower Movement6)}의 중심지로 도시는 대중의 주목을 받았습니다. 히피 운동으로 인해 음악, 예술, 문화 등이 영향을 받았고 전 세계에 퍼지게 되었습니다. 1970년대 들어서 도시는 게이 권리 운동의 중심지가 되었습니다. 특히 동성애자들의 안전한 공동체를 형성한 카스트로^{Castro} 지역⁷⁾이 동성애자들의 인권과 평등을 지지하는 운동의 중심지로 자리 잡았습니다. 이와 같은 도시 문화는 동성애자 권리 운동의 발전을 견인하며 샌프란시스코를 미국 자유주의의 중심지로 만들었습니다.

한편 샌프란시스코는 1969년부터 시작해 1980년대 말까지 555 캘리포니아 스트리트^{California Street}, 트랜스 아메리카 피라미드^{Transamerica Pyramid} 등의 고층 빌딩이 완공되면서 '맨해튼화^{Manhattanization}'가 진행되었습니다. 이러한 진전을 통해 현대적인 도시로 성장하면서 샌프란시스코는 더욱 국제적인 경제, 문화 중심지가 되었습니다.

1989년 캘리포니아 중서부 산악 지대인 로마 프리에타^{Loma Prieta}에서 발생한 지진으로 샌프란시스코는 또다시 파괴되었습니다. 많은 건물과 구조물이 훼손되었으며, 수많은 주민들이 피해를 입었습니다. 하지만 이를 교훈으로 도시는 건축물의 안전성을 향상시켰습니다. 어떤 도시보다

---

6) 1950년대 비트 제너레이션(Beat Generation) 문학의 자유 추구적 기조가 샌프란시스코에 영향을 미쳤습니다. 이어진 히피 운동은 기존 체제에 반발하며 물질주의 거부, 베트남전 반대, 여성 해방, 친환경, 공동체 생활을 주장했습니다. 1967년 미국 역사상 전무후무한 사건으로, 젊은이들의 흐름이 모여 만들어 낸 이 시기를 '사랑의 여름(Summer of Love)'으로 부릅니다.

7) 샌프란시스코의 LGBT의 역사는 제2차 세계대전이 끝날 무렵에서 시작되었다. 당시 샌프란시스코 군항은 일본 등 아시아에 근무하던 미군들이 고국으로 돌아오는 항구였는데, 제대한 젊은 남성 중에는 오랫동안 군 복무로 동성애자가 된 사람이 많았다. 이들은 샌프란시스코에 도착해 좋은 날씨에 그곳에 눌러앉는 경우가 흔했다. 고향으로 돌아가면 동성애자라는 편견과 억압에 시달릴 것이 뻔했다. 이러한 과정을 거쳐 샌프란시스코에는 동성애자 밀집지역인 '카스트로 구역'이 탄생했다. (「[글로벌Q] 美 샌프란시스코 게이 수도인 이유」,《매일경제》, 2015.07.03.)

조기 경보 시스템을 구축하고 지진 대비 규정도 강력하게 만들었으며, 급수 시스템 및 내진 설계 등도 개선하였습니다.

1990년대 후반부터는 닷컴 붐으로, 2000년대 중반부터는 소셜 미디어 열풍으로 도시에는 수많은 기업이 유입되었습니다. 도시는 세계적인 금융 기관뿐만 아니라 트위터, 우버, 모질라, 위키미디어 재단, 에어비앤비 등 IT 분야 기업들의 본사가 자리 잡았습니다. 이뿐만 아니라 리바이스, 갭 등 의류 기업들도 이곳을 거점으로 삼았습니다.

샌프란시스코는 지리적으로 반도 북쪽 끝에 위치해 있어 태평양을 연결하는 고리가 됩니다. 도시는 노브 힐Nob Hill, 포트레로 힐Potrero Hill, 러시안 힐Russian Hill을 포함하여 50여 개가 넘는 언덕으로 이루어집니다.

샌프란시스코

도시의 다운타운은 호텔, 백화점, 명품숍, 화랑 등이 밀집한 유니온 스퀘어Union Square8)입니다. 고층 빌딩이 마천루를 이루는 미국 서부 금융

---

8) 파웰(Powell)·포스트(Post)·스톡턴(Stockton)·기어리(Geary) 스트리트가 사각형을 이룬다.

의 중심지, 파이낸셜 구역^{Financial District}은 미국연방준비은행^{United States Federal Reserve Bank}과 증권 거래소 등을 비롯하여 주요 대형 은행의 본점이 자리 잡았습니다. 19세기 후반 골드러시로 인한 자금이 모이면서 형성된 금융 자본 집적지로서 미국 서부의 월가^{Wall Street}로도 불립니다.

유니온 스퀘어와 미션 구역 사이에는 미국 내에서 가장 큰 차이나타운이 형성되어 있습니다. 차이나타운 서쪽으로는 코로네트 힐^{Coronet Hill}을 포함하여 높은 언덕들로 둘러싸인 노브 힐^{Nob Hill}이 있습니다. 높고 뾰족한 언덕 지형인 '노브^{Knob}'에서 유래되었으며, 도시의 부유층과 유명 인사들이 거주하는 고급 주택 지역입니다. 샌프란시스코의 북부에 위치한 퍼시픽 하이츠^{Pacific Heights}도 상류층과 유명 인사들이 거주하는 부촌입니다.

1915년 파나마-태평양 국제 박람회가 개최되면서 석호를 매립하여 조성된 마리나 구역^{Marina District}은 지중해식 해안 지역을 닮은 자연 경관 덕분에 레저와 휴양의 관광 명소입니다. 도시의 남동쪽에 있는 미션 구역^{Mission District}은 19세기 캘리포니오스^{Californios9)}와 독일, 아일랜드, 이탈리아 등 유럽 출신의 노동 이민자가 주로 거주했던 구역이었습니다. 1950년대 들어서면서 멕시코 출신 이민자들이 정착하며 이민자 구역으로 더욱 확대되었습니다.

1910년대 스칸디나비아 및 아일랜드 노동자들이 거주했던 카스트로^{Castro}는 북미 최초의 게이 마을로, 현재 동성애자들의 거주와 문화의 거점입니다. 다양한 인종 경관을 보여 주는 엑셀시어 구역^{Excelsior District}은 샌프란시스코의 다양성과 포용력을 대변합니다.

---

9) 캘리포니아의 최초의 스페인계 식민지이다.

미래를 준비한 세계의 도시들 2

금문교

    태평양에서 북쪽으로 골든게이트 공원^{Golden Gate Park}까지 이어진 선셋 구역^{Sunset District}은 아시아 이민자들을 중심으로 형성된 중산층이 거주하는 지역입니다. 특히 아시아계 이민자들이 대다수의 인구를 형성합니다. 골든게이트 공원 북쪽에 위치한 리치몬드 구역^{Richmond District}은 이민자 거주 공간입니다. 지속적으로 유입되는 이민자를 수용하기 위해 조용한 해변 지역을 집단 거주 공간으로 조성하였습니다. 초기에는 아일랜드인과 유대인을 중심으로 형성된 이민자 구역이 1950년대부터 중국인들의 유입이 증가하면서 차이나타운으로 발전하였습니다. 지금은 새롭게 형성된 중국인 거주 지역이라고 하여 '뉴 차이나타운^{New Chinatown}'으로 불립니다. 그뿐만 아니라 현재 전쟁 중인 러시아와 우크라이나 이민자도 오래전부터 리치몬드에 정착해 터전으로 삼았습니다.

차이나타운

샌프란시스코는 1950년대 이후 자동차 보급이 확대되면서 도로 네트
워크가 발달하였습니다. 환경 보호와 도시 개발에 대한 관심이 커지면
서 고속도로 건설 반대 시위로 상대적으로 다른 도시에 비해 고속도로
보다는 간선도로가 발달한 도시가 되었습니다. 도로 개발과 시위, 환경
운동 사이에는 도시 계획 및 환경 보호 관점에서의 변화와 상호 작용으
로 다양한 대중교통 시스템이 발전하였습니다.

샌프란시스코 대중교통 시스템으로는 시영 철도인 뮤니^{Muni, San Francisco}
^{Municipal Railway}, 지역급속운송시스템인 바트^{BART, Bay Area Rapid Transit}, 샌프란시스
코와 실리콘 밸리 지역을 연결하는 캘트레인^{Caltrain} 등이 있습니다. 특히,
경전철과 지하철 시스템, 뮤니 메트로^{Muni Metro} 및 트롤리버스, 버스 등 대
중교통 시스템을 운영하는 뮤니는 카스트로 스트리트에서 피셔맨스 워
프를 달리는 역사적인 전차 라인도 유지합니다. 한편 우버, 리프트와 같
은 자동차 공유 서비스가 발전하였고, 미국 대도시 가운데 가장 자전거
친화적인 곳이기도 합니다.

샌프란시스코는 음악, 영화, 잡지 등 대중문화에서 자주 묘사될 정도

미래를 준비한 세계의 노시늘 2

로 매력적인 세계적인 관광 명소입니다. 시원한 여름 풍경에서 금문교를 거슬러 밀려오는 해무 그리고 가파르고 구불구불한 언덕조차도 관광객을 유인합니다. 2021년 도시를 찾았던 방문객이 약 1,700만 명이었으나 2022년에는 2,200만 명에 달했고, 관광객들의 지출액도 7억 4천 달러를 기록했습니다.

브루킹스 연구소와 도시 재개발

샌프란시스코는 도시 경제가 침체되어 가는 위기 속에서 이를 해결할 방법에 대해 민관이 협력하는 무대를 조성했습니다. 그리고 이를 통해 새로운 도시 발전 전략을 수립하고 함께 실천해 나갔습니다.

도시의 창조적 발전에는 1927년 만들어진 진보적인 성향의 브루킹스 연구소의 영향이 컸습니다. 오바마 행정부 출범 후, 이 연구소와 긴밀한 관계에서 다양한 사업들을 진행하였습니다. 이 연구소는 미국 최대의 건설 업체인 레나의 해군기지 일대 재개발 참여를 이끌어 내었습니다. 특히 기업들이 도시의 다양한 인프라를 최대한 활용할 수 있도록 지원해 주는 샌프란시스코 경제개발센터^{SFCED}의 역할도 컸습니다. 창의적 아이디어를 가진 스타트업 기업이 자생할 수 있도록 도시 인프라 여건을 개선하고 벤처 캐피털과 연계해 상호 협력해 나가도록 도왔습니다. 창조적 인재들이 일하고 싶은 창조적 생태계를 조성해 나가면서 도시에 젊은 열정이 넘치게 되었습니다.

또한, 오래된 산업 및 상업용 건물을 첨단 산업 분야의 사무실로 실리콘 밸리보다 저렴하게 제공하였습니다. 하지만 이후 트위터, 징가, 엘프 등 첨단 기업이 급격히 성장하면서 점점 캘리포니아주에만 있는 급여세^{Paryroll Tax}의 상한선이 문제가 되었습니다. 2011년 기업들이 이전을 준비할 때 시에서는 향후 7년간 세금 부과 상한선을 파격적으로 올리는 세금우대 조치를 취하였습니다. 이러한 노력의 결과로 샌프란시스코의 1인당 국내 총생산은 2000년 약 5만 2천 달러에서 2001년 7만 2천 달러로 증가하였습니다. 2001년 당시 미국 평균이 4만 5천 달러로, 샌프란시스코는 약 2만 7천 달러가 넘는 차이를 보였습니다. 2012년 도시의 1인당 국내 총생산은 약 8만 2천 달러로 미국 평균인 약 5만 달러보다 3만 달러 이상 차이를 보였습니다. 특히, 2000년 이후 급격한 1인당 국내 총생산 증가를 보이며 동부의 보스턴과 함께 미국 내에서 가장 소득이 높은 도시로 자리매김하였습니다. 2020년대에 들어서면서 1인당 국내 총생산은 13만 달러를, 2022년에는 샌프란시스코-오클랜드-버클리로 이어지는 대도시권을 중심으로 14만 4천 달러를 넘어섰습니다. 이러한 성과는 도시의 지속 가능성에 대한 샌프란시스코의 강력한 의지와 전략의 실천 그리고 혁신이 동반되었기 때문에 가능했습니다.

도시 르네상스, 미션베이에서 바이오베이로

샌프란시스코는 도시 재건을 위한 프로젝트를 통해 도시 내 창조적 인프라 여건을 개선하면서 도시의 변화를 이끌어 내었습니다. 오랫동안 다양한 분야에서 도시 재생을 추진해 나가면서 도시 내에 여러 창조적 공간을 조성해 나갔습니다.

먼저 샌프란시스코 북부 베이 브리지에서 피셔맨스 워프까지 50여 개의 피어^{pier}가 자리 잡은 항만은 한때 서부 최고의 항구 도시로서 명성이 자자했던 곳이었습니다. 하지만 로스앤젤레스의 항만이 점차 커 나가면서 1970년대 들어서는 그 기능을 상실해 버렸습니다. 이후 도시는 재개발을 통해 항만에 새로운 활력을 불어넣었습니다. 그중 대표적인 곳이 피셔맨스 워프에 위치한 39번 부두였습니다. 1978년 이곳 상부를 재개발해 레스토랑과 카페, 기념품 판매점 등이 자리 잡은 항만 관광 자원으로 변화시켰습니다. 이후 매해 1천만 명의 방문객이 찾는 관광 명소로 탈바꿈하였습니다.

더 나아가 도시는 레저와 휴양 시설을 갖춘 마리나 시설을 유치하여 관광 거점으로 육성하였습니다. 주변의 피어들도 점차 문화와 관광 기능을 갖춘 시설이 들어서면서 도시의 창조적 활동 무대가 되었습니다. 이후 공공의 접근권$^{public\ access}$의 개념이 자리 잡기 시작했던 1990년대 들어서면서 피어는 또다시 집중적인 재생이 진행되었습니다. 항만업에서 독점적으로 이용했던 부두의 기능이 시민들이 함께 공유하는 문화 자산이라는 관점의 전환이었습니다. 결국 지속적으로 피어의 경관을 개선해 나가면서 시민들의 정주 여건이 나아짐과 동시에 지속 가능한 관광 거점으로 변화될 수 있었습니다.

Pier 7 항만 시설

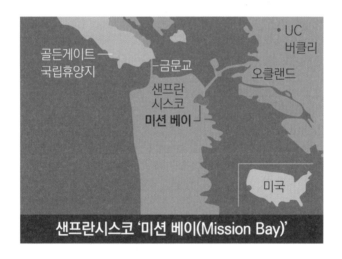

샌프란시스코 '미션 베이(Mission Bay)'

샌프란시스코는 닷컴 붐이 일던 1990년대부터 신생 기업 및 실리
콘 밸리 인근의 숙련된 정보 기술 인력 수요로 전 세계의 사무직 근로
자들이 도시로 유입되었고, 그 결과로 높은 생활 수준을 창출하였습니

미래를 준비한 세계의 도시들 2

다. 사우스 비치^{South Beach} 및 미션베이^{Mission Bay} 근교를 포함한 엠바 카데로^{Embarcadero}의 재개발로 전통적인 비즈니스 및 산업 지구가 도시 르네상스로 변화되었습니다. 한때 블루칼라와 중간층 및 하층민이 많았던 지역은 고급화를 경험하게 되었습니다.[10]

1990년대 후반까지 주로 낡은 산업 및 철도 시설이 남아 있었던 미션베이는 2000년대 초반부터 도시 재개발을 통해 첨단 의료 및 생명과학 분야를 이끌어 갈 바이오 베이로 부상하였습니다. 2003년 문을 연 UC 샌프란시스코^{UCSF}의 새로운 캠퍼스를 포함하여 의료 및 생명과학 연구 기관들이 집중되어 있는 미션베이 학술지구^{Mission Bay Campus}와 연계되었습니다. 그리고 의료 연구 시설, 생물공학 연구 시설, 바이오테크놀로지 기업들의 본사를 비롯하여 천여 개가 넘는 스타트업 기업이 자리를 잡았습니다. 이후 도시의 창업 생태계가 갖춰지면서 미션베이는 실리콘 밸리의 주변 지역에서 이제는 IT 및 바이오 스타트업 기업이 무한한 상상을 펼치는 창조적 무대로 변화되었습니다. 도시 계획에서부터 미션베이는 기업과 인재를 위한 계획이 반영되었습니다. 비즈니스·연구 친화형 테마 단지로, 자가용 출퇴근자를 위한 주차 빌딩까지 곳곳에 조성되어 있습니다. 또한 약 6,000세대를 수용할 환경 친화적인 신규 아파트 단지를 비롯해 야구장, 레스토랑 등이 조성되고 있습니다.

미국 내 도시의 부동산 가치와 가계 수입은 현시점에서 최고점을 기록하고 있습니다. 특히 2006년에는 샌프란시스코의 사무실 임대료가 맨해튼을 능가하는 상황이 발생하였습니다. 이는 2000년 이후 닷컴 붐이 한창이었던 시기 이후 처음으로 나타난 현상입니다. 이러한 사무실 임대료의 상승은 주로 샌프란시스코와 실리콘 밸리 같은 외곽 지역에

10) "San Francisco", 위키피디아 영어판(https://en.wikipedia.org/), 2018.01.15.

자리한 기술 분야 기업들의 지속적인 경제 번영과 관련이 깊습니다. 이로 인해 부동산 수요가 계속해서 늘어나고 있지만, 공급 부족으로 인해 부동산 가격이 계속해서 상승하고 있습니다.

또한 인구 유입으로 인한 영향으로 주거비 또한 상당한 폭으로 상승하였습니다. 2005년부터 2015년까지의 10년 동안 도시 인구는 약 10%에 해당하는 약 7만 5천 명이 증가하였지만, 주택 건설은 이에 비해 약 1만 7천 개 정도에 그쳤습니다.[11] 특히 미션베이 지역의 원룸 오피스텔 월세는 약 3,800달러(2016년 기준 한화로 약 434만 원으로 이 지역 내에서 상대적으로 저렴한 주거 비용을 제공하는 편에 속합니다. 이러한 주거비의 지속적인 상승 문제에도 불구하고, 도시는 여전히 우수한 인재들의 유입을 계속해서 유지하고 있는 상황입니다.

샌프란시스코 미드 마켓Mid-Market 지역에서도 그 사례를 찾아 볼 수 있습니다. 미드 마켓 지역은 한때 극장 거리가 형성된 번영의 공간이었으나 시간이 지나면서 범죄, 마약 거래, 홈리스 등의 문제를 겪었습니다. 이후 침체되었던 도시를 재활성화하기 위해 지역 내 주거 및 상업용 건물 개발, 예술 및 문화 프로그램 지원, 도시 재생 사업 등이 추진되었습니다. 마켓 스퀘어 콤플렉스에 트위터 등 새로운 사무실이 개설되고 기업들이 이전하면서 지역 경제가 재도약할 수 있었습니다. 또한, 다양한 예술 기관과 극장 등이 입지하고 문화적 재생이 진행되면서 도시의 문화 중심지 중 하나가 되었습니다.

2016년 이후 트위터 등 IT 기업들의 실적 부진이 지속되면서 본사 건물의 일부를 다른 기업에 임대하는 전대차 계약이 추진되었지만 2020

---

11) "San Francisco", World Cities Culture Forum 웹사이트(http://www.worldcitiescultureforum.com/), 2018.01.16.

년대 이후 재활성화되면서 신기술 및 창업 기업들이 집중되는 중심지로 변화하였습니다. 하지만 최근 이 지역에는 강도 및 절도 사건이 급증하고 있습니다. 소매업체들의 경영에 직접적인 영향을 줄 정도로 치안은 심각한 상황에 놓였습니다. 유흥가나 인구 밀집 지역에서도 강도 및 절도 사건이 발생하며, 길거리 폭력도 증가하여 사회 문제로 부각되고 있습니다.

샌프란시스코 남부, 미션 지구[12]는 이민자 중산층의 거주 공간에서 창조계급의 거주 공간으로 변화된 지역입니다. 다양한 사회적 그룹들의 공간으로 자유롭고 친환경적인 분위기 속에서 프란시스코뿐만 아니라 실리콘 밸리의 인재들이 터전으로 삼고 있습니다. 파크렛[Parklet13]이라는 민관 프로젝트도 샌프란시스코에서 시작되었습니다. 리바[Rebar]에서 제안한 아이디어가 실천에 옮겨지면서 공공 프로젝트로 확대되어 도시 미관 및 정주 환경이 개선되었습니다.

다원성의 도시 예술 생태계

2014년, 샌프란시스코 시 정부는 지역 다문화 기관과 중소 단체를 지원하려는 노력의 일환으로 시민 1인당 약 1천 달러의 예산을 문화예술 분야에 할당하였습니다. 이로 인해 지난 20년간 주요 미술관들에 대한 대규모 재건축 프로젝트가 진행될 수 있었습니다. 특히 샌프란시스코

---

12) 미션 돌로레스 공원(Mission Delores Park) 근교 지역을 말한다.
13) 도시에 있는 주차장 부지를 활용하여 만든 공원형 휴식 공간이다.

전쟁 기념관과 공연 예술 센터를 비롯한 시빅 센터 주변에는 다양한 문화 기관들이 집중되어 있습니다. 샌프란시스코 발레, 샌프란시스코 오페라, 샌프란시스코 심포니 등 주요 예술 단체들의 본거지로서도 중요한 역할을 합니다. 또한 주요 공공 도서관, 아시아 미술관, 오르페움 극장 그리고 SF JAZZ와 같은 문화 시설들도 함께 자리합니다. 특히 2016년에는 샌프란시스코 현대미술관^{San Francisco Museum of Modern Art, SFMOMA}이 새롭게 문을 열었습니다. 이 현대미술관은 스노 헤타^{Snøhetta}가 디자인하여 매년 60만 명 이상의 방문객을 유인하였습니다. 축제와 행사의 장소로 사용되는 시빅 센터^{Civic Center}는 2015년 게이 프라이드에 8만 명의 참가자와 180만 명의 관람객을 유인하였습니다. 샌프란시스코에는 수많은 극장과 라이브 공연장이 있습니다. 그레이트풀 데드^{Grateful Dead}, 제니스 조플린^{Janis Joplin}, 리드 제플린^{Led Zeppelin}, 제퍼슨 에어 플레인^{Jefferson Airplane}과 같은 유명한 음악가들이 찾았던 필 모어^{Fillmore}, 토니상을 수상한 비영리 미국 음악원^{A.C.T.}, 샌프란시스코 마임단^{San Francisco Mime Troupe} 등이 있습니다. 이러한 문화예술 분야의 투자와 발전으로 샌프란시스코는 다양한 예술 활동과 문화적 풍요로움을 제공하며 도시의 역동성을 높입니다.

샌프란시스코 현대미술관^{SFMOMA}

샌프란시스코는 현재도 미국의 주요 도시 중에서 인구 1인당 예술가와 예술 기관의 수가 가장 많은 도시로 손꼽힙니다. 도시 내 수많은 카페, 레스토랑, 상점 등 다양한 공간에서는 매월 수백 회에 달하는 다양한 예술 행사와 문화 활동이 펼쳐집니다. 이를 통해 예술가들과 지역 사회 및 기업이 상호 교류하고 연결을 이루며 도시의 문화적 정체성을 형성해 나갔습니다. 이러한 문화적 다원성은 샌프란시스코의 예술 생태계에서 중요한 자산으로 인식되며 동시에 지역 사회와의 상호 작용을 통해 풍요로운 예술 활동을 지원하며 도시의 예술 생태계를 풍성하게 만들어 왔습니다.

샌프란시스코는 여전히 문화적으로 활기찬 도시로서, 다원적인 예술 현장이 '순수 예술'과 '프린지 문화Fringe culture'의 경계를 넘어서면서 독특한 활약을 이어 나가고 있습니다. 이러한 도시의 예술 생태계는 경제 성장과 창조적인 인재의 유입으로 인해 지속적으로 발전하고 있으나, 이로 인해 대안 문화의 다양성을 지키는 과제 역시 부각되었습니다. 예술 생태계를 유지하고 안정시키는 것은 도시의 주요 과제 중 하나로 자리 매김했습니다. 도시는 문제 해결을 위해 2013년 공공 민간 파트너십인 CAST$^{Community\ Arts\ Stabilization\ Trust}$를 설립하여 예술 공간을 안정적으로 유지하고 지원하며, 예술 생태계의 지속 가능성을 높이도록 하였습니다. 샌프란시스코 엔터테인먼트위원회$^{San\ Francisco\ Entertainment\ Commission}$는 새로운 개발로 인해 기존의 엔터테인먼트 장소가 소실되는 것을 막기 위해 규정을 마련하고, 도시의 다양한 문화 공간을 유지하도록 하였습니다. 샌프란시스코 예술위원회는 기금 지원을 받아 빈곤 지역을 대상으로 문화공정착수프로그램을 운영하며 문화적 형평성을 높였습니다. 샌프란시스코의 이러한 노력은 도시의 예술 생태계와 문화 다양성을 보호하면서도 경제적 성장과 조화를 이루어 내기 위한 중요한 시도로 평가됩니다.

이는 도시가 지닌 문화예술의 가치를 인식하고 그 안에 다양한 문화 공간을 조성하여 예술가들의 문화예술 창작 활동을 지원한 샌프란시스코의 노력이 있었기 때문입니다. 이를 통해 샌프란시스코는 독특한 문화적 정체성을 유지하면서 예술가와 지역 사회에 안정적인 예술 환경을 제공할 수 있었습니다.

신생 기업의 진원지 닷컴 열풍에서 미디어 열풍으로

1990년 후반의 닷컴 붐을 통해 새롭게 창업한 IT 기업들의 성공으로 샌프란시스코 경제는 활성화되었습니다. 이 시기에 다수의 기업가와 개발자들이 도시로 유입되었으며, 마케팅, 디자인, 판매 전문가들이 함께 모이면서 도시는 역동적인 모습을 형성하였습니다. 이러한 발전을 통해 1990년대 이후로 샌프란시스코의 경제는 금융 및 관광 분야뿐만 아니라 첨단 기술, 생명공학, 의학 연구 등 다양한 분야로 다각화되었습니다. 2000년대 초반 닷컴 붐은 금세 그 열기가 시들고 말았지만 2000년대 중반 이후, 샌프란시스코는 소셜 미디어 붐을 통해 다시 한번 경제적 호황을 경험하게 되었습니다. 이로 인해 첨단 기술과 기업가 정신은 도시의 중심에 자리하게 되었습니다. 애플과 구글과 같은 실리콘 밸리 기업들의 사무실로서 매력을 가지게 되면서 기술직 종사자의 비율은 3년 만에 두 배 이상 증가하였습니다.

샌프란시스코 금융지구

샌프란시스코는 금융 분야에서 서부 지역의 오랜 역사를 지니며, 대형 금융 기관, 다국적 은행, 벤처 캐피털 기업들이 본사를 두고 있는 중요한 중심지입니다. 수십여 개의 국제 금융 기관을 비롯하여 풍부한 서비스 인프라를 갖추고 있어 금융 분야에서도 독보적인 역할을 합니다. 또한, 도시에는 세계적인 하이테크 기업들이 자리 잡았습니다. 이 하이테크 기업들로는 X옛 트위터, Zynga, 옐프Yelp, 스퀘어Square, 세일즈포스닷컴Salesforce.com, 핀터레스트Pinterest 등이 있습니다. 이 외에도 우버, 모질라, 위키미디어 재단, 크레이그리스트, 레딧, 드롭박스, 에어비앤비, 위블리 등도 이곳을 활동 무대로 삼았습니다. 이처럼 도시는 1990년대 닷컴 열풍과 2000년대 후반의 소셜 미디어 열풍으로 신생 IT 기업 창업의 진원지가 되었습니다.

2015년, 유네스코에서 샌프란시스코는 창조적 재능이 집중된 도시로 선정되었습니다. 실리콘 밸리의 풍부한 기술 인력을 유치하며 샌프란시스코는 창업과 혁신의 기회가 풍부한 환경을 조성하였습니다. 이 도시는 스타트업을 위한 유리한 기업 생태계와 문화를 구축하였습니다. 특히 미션베이 지역은 캘리포니아주 내 UC샌프란시스코, UC버클리, UC산타크루즈의 3개 대학이 협력하여 설립한 창업 기업 육성 기관인 바이오 스타트업 인큐베이터가 위치하고 있어 중요한 역할을 합니다. 이 기관은 바이오 분야의 기초 연구를 상업화하고 지원하기 위해 설립되었으며, 지역의 바이오 기술 분야에서의 혁신과 경제적 발전을 촉진하였습니다. QB3Questions in Biology & Biotechnology는 바이오 스타트업 인큐베이터 내에서 약 60개의 스타트업 기업들이 협력하여 바이오 연구를 진행하며, 자체 펀드를 구성하여 투자를 지원하는 중요한 역할을 합니다. 이는 지역 내 바이오 기술 기업들의 성장과 발전을 지원하며, 기업 창업 활동을 촉진하는 효과적인 플랫폼으로 작용하였습니다. 이러한 지원의 결과로 인해 글래드스턴 연구소, 바이오 벤처 파이브로젠FibroGen의 인큐베이터 스페이스, US이노베이션 센터, 일루미나 액셀러레이터 등 바이오 기업이 자리를 잡았습니다. 바이오 분야 육성 인프라와 산업 여건은 과학 기술, 경영 및 비즈니스, 교육 및 건강 관리, 예술, 디자인, 미디어 및 엔터테인먼트 등의 다양한 분야에서 7만 명 이상의 인재를 유인하였습니다. 이는 도시 전체 인재의 약 40%를 차지하는 규모입니다. 이들은 약 13만 달러 ᴬ²⁰²⁰ᵗ ᵏⁱᶻᵘⁿ 이상의 높은 평균 임금을 받으며, 도시의 경제적 발전과 혁신에 중요한 역할을 담당합니다. 이처럼 샌프란시스코는 도시의 새로운 미래를 이끌어 갈 신산업과 관련 클러스터를 지속적으로 육성해 나가면서 신산업의 인큐베이터로, 높은 인재 밀도 지역으로 변화를 이끌어 나갔습니다.

세계적 명문 대학과 창의적 교육 시스템

샌프란시스코는 초·중등 교육에서부터 대학 교육에 이르기까지 학생들의 창의성과 문제 해결 능력을 증진하기 위해 다양한 교육 방법과 프로그램을 실천합니다. 먼저 초중등 교육에서는 문화 다양성을 존중하고, 학생들에게 서로 다른 관점과 경험을 공유하도록 장려합니다. 학교에서는 다채로운 문화예술 교육 프로그램을 제공하여 학생들의 리터러시 능력과 예술적 스킬을 함께 개발시킵니다. 특히, 학교별로 네트워크를 형성하여 진행되는 프로젝트 학습은 학생들의 창의성 신장의 기반이 되었습니다. 실험에 기반한 학습을 통해 문제 해결 능력을 키우고, 로봇공학, 코딩, 3D 프린팅과 같은 STEM(과학, 기술, 공학, 수학) 교육을 통해 융합적 사고력을 육성하였습니다. 이러한 교육 프로그램은 학교 현장뿐만 아니라 도시 내 박물관 및 도서관, 미술관 등에서 다채롭게 진행되었습니다. 또한, 교육 게이미피케이션ᵍᵃᵐⁱᶠⁱᶜᵃᵗⁱᵒⁿ을 통해 창의적 교육 환경을 조성하는 '게이미피케이션 서밋^{Gamification Summit}'을 개최하여 게임을 통해 학생들의 문제 해결 능력을 신장해 나가는 창의 체험 교육도 실천하였습니다.

샌프란시스코는 뛰어난 지역 대학을 보유하고 있으며 이들 대학은 높은 수준의 교육을 통해 우수한 인재를 양성합니다. 이렇게 육성된 창조적 인적 자본은 도시의 지속적인 성장과 경제 발전에 중요한 역할을 담당합니다.

보건 및 생물 의학 분야의 중심 대학으로, 의과 대학 중 상위권에 속하는 캘리포니아대학^{University of California, San Francisco}은 미션베이 캠퍼스를 통해 생명공학 및 생명과학 분야의 기업가 정신을 육성합니다. 캘리포니아 주립대학의 일부로, 약 3만 명의 학생들이 다양한 분야에서 학위를 취득할 수 있는 환경을 제공하는 샌프란시스코 주립대학^{San Francisco State University}, 2년제 커뮤니티 칼리지로, 다양한 평생교육 프로그램을 통해 지속적인 교육 기회를 제공하는 샌프란시스코 시립대학^{State College of San Francisco}, 미국 내 최대의 규모를 자랑하는 예술 및 디자인 연구 대학 AAU^{Academy of Art University}, 캘리포니아 요리 아카데미^{California Culinary Academy}, 샌프란시스코 음악대학^{San Francisco Conservatory of Music} 등이 있습니다.

또한, 캘리포니아대학교 버클리^{University of California, Berkeley}와 릴런드 스탠퍼드 주니어 대학교^{Leland Stanford Junior University}와 같은 세계적인 명문 대학들도 인근에 위치하였습니다.

《US뉴스 & 월드리포트》의 미국 종합대학 순위 등 주요 대학 평가 기관에서 발표하는 대학 순위에서 매해 상위권에 위치하는 명문 대학인 캘리포니아대학교 버클리^{University of California, Berkeley}는 과학, 공학, 경영, 인문과학, 사회과학 등 다양한 분야에서 강한 연구 성과를 보여 주었습니다.

수십 명이 넘는 노벨상, 필즈상, 튜링상, 아카데미상 수상자를 배출하였고, 교수와 연구원들 역시 노벨상 수상자를 비롯해 연구 실적이 우수한 인재들로 구성되었습니다. 릴런드 스탠퍼드 주니어 대학교^{Leland Stanford} ^{Junior University} 역시 《US뉴스 & 월드리포트》나 타임즈 고등교육^{Times Higher} ^{Education, THE} 등 주요 대학 평가 기관에서 우수 대학으로 손꼽습니다. 약 60명의 노벨상 수상자가 학생이거나 교수인 세계적인 명문 대학입니다. 실리콘 밸리와의 협력으로 교육과 연구가 함께 진행되고 있는 첨단 교육의 산실로 공학, 물리학, 경제학, 역사학, 철학 등의 분야에서 세계적인 명성을 얻었습니다. 대학은 창의적 사고와 문제 해결 능력을 강화하며, 학생들이 다양한 분야에서의 리더로 성장할 수 있도록 지원하였습니다.

캘리포니아대학교 버클리

더불어 샌프란시스코는 도시 내 교육 스타트업으로 창업한 미네르바 스쿨^{Minerva school}의 중심 무대입니다. 저렴한 학비에 세계적인 학문적 경험을 온라인 플랫폼을 통해 제공합니다. 토론, 프로젝트, 문제 해결 등의

활동을 통해 실제 업
무 상황에서 필요한
기술과 지식을 채택
하면서 국제적인 역
량을 강화하는 교육
시스템으로 인기가
높습니다. 최근에는

릴런드 스탠퍼드 주니어 대학교

기존의 일방향성으로 그 한계가 여실히 드러났던 온라인 교육의 문제를
극복해 나가면서 교육의 새로운 방향을 제공하였습니다.

이처럼 도시의 대학은 인재 육성에서 우수한 교수진과 연구 인프라를
활용하여 학생들에게 교육 및 연구 기회를 제공하였습니다. 연구와 현
장 실습을 결합한 프로그램을 통해 학생들이 실제 문제를 해결하는 능
력을 키우고, 산업계와의 협력을 촉진하여 실전 경험을 얻을 수 있도록
하였습니다. 이를 통해 학생들은 학문적 지식을 실제 현장에 적용할 수
있는 능력을 개발하며, 졸업 후 다양한 분야에서 성공적으로 활동할 수
있는 인재로 성장하게 되었습니다.

세계 게이의 수도에서 보여 주는 관용성

샌프란시스코 피어39^{Pier39}에서 놉 힐$^{Nob\ Hill}$ 방향으로 그레이스 대성당
$^{Grace\ Cathedral}$이 위치합니다. 유럽의 성공회 성당과 비슷한 외관의 석조 건
물입니다. 성당 내부에는 개신교 십자가, 쿠란, 태극도, 신사의 도리, 불

교의 수레바퀴, 다윗의 별 등이 기둥에 붙어 있습니다. 타 종교에 대한 배타성이 강한 기독교에서조차 모든 종교인을 수용한다는 관용성을 보여 줍니다.

개방적인 도시답게 샌프란시스코는 시민들이 다양한 인종과 민족으로 구성됩니다. 인구 총조사^{2020년 기준}를 보면 백인이 약 39%로 가장 높은 비중을, 다음으로는 아시아계 약 34%, 히스패닉 약 15%, 흑인 또는 아프리카계 미국인 약 5%, 혼혈 약 5%의 순으로 다양한 인종 구성을 보입니다.

샌프란시스코는 미국 내에서 성소수자에게 열려 있는 사회 분위기와 다양성을 존중하는 도시로 널리 알려졌습니다. '세계 게이의 수도'로 불리며, 성소수자를 포용하고 지원하는 환경을 제공합니다. 미국의 여론조사 기관 갤럽이 도시별 LGBTQ 비율을 조사한 결과 샌프란시스코 권역의 LGBTQ 비율이 6.3%로 미국 내에서 가장 높았습니다. 도시 인구 10명 중 1명은 본인의 성적 정체성이 LGBTQ라고 밝힐 정도로 샌프란시스코는 성소수자에 대해 친화적인 사회 분위기가 형성되었습니다.

샌프란시스코는 성소수자의 권리와 관용성을 존중하는 가치를 지녔습니다. 도시는 오랫동안 LGBTQ 커뮤니티의 중심지로서 역할을 하였으며, 1955년 LGBTQ 권리 단체인 '빌리티스의 딸들^{Daughters of Bilitis}'이 설립된 곳입니다. 또한, 1977년에는 미국 최초로 동성애자 시의원이 당선되는 등, 동성애자와 관련된 역사적 사건들이 발생한 곳입니다. 샌프란시스코는 미국 내에서 동성 결혼을 합법화한 최초의 도시 중 하나이며, 모든 공립학교에서 LGBTQ 역사 수업을 의무화한 선진적인 정책을 시행하였습니다.[14] 샌프란시스코통합교육청은 2010년 동성애자, 양성애

---

14) 한국외국어대학교 외국학종합연구센터 저, 세계의 성문화, 2005, 한국외국어대학교 출판부, 333p.

자, 성전환자 등의 권리 보호와 차별 방지를 위한 결의안을 채택하였습니다. 2015년 루스 아사와 예술학교는 역사 교과과정에 동성애자·양성애자·성전환자LGBTQ의 권리 쟁취 역사와 현황을 다룬 '퀴어 탐구'를 채택하였습니다.[15] 《베이지역 리포터》, 《샌프란시스코 베이 타임스》, 《샌프란시스코 센티넬》 등 여러 개의 LGBTQ 신문과 잡지가 독자들에게 다양한 정보를 제공합니다. 샌프란시스코는 LGBTQ 커뮤니티를 지원하는 LGBTQ 커뮤니티 센터, 골든게이트 비즈니스 협회, LGBTQ 창업가 조직인 '스타트아웃' 등 다양한 단체와 기관들이 활발하게 활동합니다.

샌프란시스코는 LGBTQ 커뮤니티와 관련된 다양한 행사와 축제도 개최합니다. 'SF 프라이드'는 1972년 이래로 매년 개최되어 오며, 세계적으로 유명한 LGBTQ 축제 중 하나로 손꼽힙니다. 샌프란시스코의 다양성과 포용을 기념하는 축제로, 수많은 참가자와 방문객이 참여하여 화려한 퍼레이드와 문화 프로그램을 즐깁니다. 샌프란시스코의 외곽 실리콘밸리 역시 성소수자에 대해 관용적입니다. 도시 내 유력 인사들이 성소수자일 뿐만 아니라 애플, 구글, 넷플릭스 등 주요 기업 임직원들이 함께 SF 프라이드에 참여하면서 공동체의 가치를 높입니다.

또한, 1977년부터는 샌프란시스코에서 세계적으로 가장 크고 오래된 LGBTQ 영화제인 '샌프란시스코 국제 LGBT 영화제'가 개최됩니다. 이 영화제는 약 6만 명의 관람객을 매년 끌어들이며, LGBTQ 관련 영화의 상영과 함께 박람회, 영화 제작 지원, 포럼 등 다양한 프로그램을 통해 성소수자 이야기와 다양성을 대중에게 알리고 있습니다. 이처럼 혁신적으로 번영하는 샌프란시스코에서는 다양한 인종, 국적, 성적 취향을 개

---

15) 루스 아사와 예술학교 재학생 중에서 자신의 성적 정체성을 LGBT라고 알고 있거나, 혹은 그럴 가능성이 있다고 생각하는 학생의 비율이 28%에 달할 정도로 높다. (「미 샌프란시스코 고교서 '성소수자 과목' 정식 채택」, 연합뉴스, 2015.08.08.)

방하는 데 도움을 받을 수 있습니다.

개방적이고 관용적인 도시 분위기 속에서 샌프란시스코의 도시 범죄는 두 가지 양상을 보입니다. 재산 범죄율은 급증하고 있는 반면, 살인율은 다른 도시에 비해 매우 낮은 편입니다.

도시는 2011년 기준 인구 10만 명당 6.1건의 살인 사건이 보고되었습니다. 약 134건의 강간, 3,142건의 강도 사건, 약 2,139건의 폭행 사건도 있었습니다. Tenderloin 지역의 폭력 범죄의 70%와 살인의 약 1/4이 이 지역에서 발생합니다. 안데스 산맥은 약물 남용, 갱 폭력, 성매매의 비율이 높은 편입니다.[16] 2015년 차량 침입 절도 등 재산 범죄율이 2위^{인구 10만 명 이상 도시 중}로 높았으며, 살인율은 18위^{인구 10만 명 이상 도시 중}에 위치하였습니다. 2010년 이래 샌프란시스코의 재산 관련 범죄는 60% 이상 급증하였습니다. 강력 범죄도 18% 증가했지만 살인 발생 비율은 다른 도시에 비해 매우 낮은 편입니다. 도시는 이코노미스트의 인텔리전스 유닛^{Economist Intelligence Unit report. EIU}에서 발표한 2015 안전지수 조사^{Safe Cities Index 2015}[17]에서 인프라의 안전성 10위, 사이버 보안은 8위에 오르며, 종합 12위에 올랐습니다.

---

16) "San Francisco", 위키피디아 영어판(https://en.wikipedia.org/), 2018.02.13.

17) 사이버 보안, 의료·건강 환경의 안전성, 인프라의 안전성, 개인의 안전성의 4가지 분야로 총 50개 도시들이 선정되었다.

'SF Pride'^{San Francisco Pride}

스마트 모빌리티를 이끌어 가는 스마트 도시

일찍이 재난 재해로 인한 대규모 정전 사태인 블랙아웃^{Black Out}을 경험한 이후 도시는 에너지를 효율적으로 사용하기 위해 스마트 그리드^{Smart grid} 관련 정책을 추진하면서 스마트 도시로 변화되었습니다. 도시는 클라우드, 인공지능^{AI}, 블록체인, 시큐리티 등 4차 산업혁명 첨단 기술을 활용하여 시민들의 삶을 더욱 윤택하고 풍요롭게 만들어 가는 것을 목표로 합니다. 2015년 미국에서 '스마트 시티 이니셔티브'를 발표한 후 뉴욕, 시카고, 보스턴 등의 도시와 함께 스마트 도시를 이끌어 가는 선두 주자가 되었습니다. 2016년에는 스마트 시티 챌린지 최종 결선 7개 도시에 선정되어 6,500만 달러도 지원받았습니다.

도시는 스마트 그리드를 활용한 에너지 절감과 스마트 모빌리티를 스마트 도시 정책으로 추진합니다. 에너지 분야는 캘리포니아 에너지위원회California Energy Commission, CEC를 중심으로 효율적인 에너지 시스템을 구현하고 태양열과 풍력 등의 신재생 에너지 도시로의 변화를 추진하였습니다. 전력 사용량이 적은 시점에 2차 전지에 옮겼다가 전력 사용량이 많은 피크 타임에 사용하는 에너지 스토리지 시스템을 운영하였고 시민들의 사용량이 적은 시점에 에너지를 저렴하게 사용할 수 있도록 정보를 제공하였습니다. 가정마다 스마트 미터를 설치하여 시간대별 전력 사용 정보를 수집 및 분석하여 효율적으로 전력을 공급하였습니다. 시민들이 평소보다 많은 전력을 사용하면 경고음으로 알려 주었을 뿐만 아니라 센서를 통해 직접 사용량을 조절할 수 있도록 하면서 도시는 에너지 절감을 실천해 나갔습니다. 더 나아가 도시 내 전력 사용량이 많은 건물에는 별도의 수요반응장치를 설치해 관리하고 있으며, 도시의 미래 에너지 수요를 예측하고 에너지 효율을 높이기 위한 건축 기준도 마련하였습니다.

샌프란시스코는 자율 주행차, 차량 공유, 전동 킥보드, 바이크, 교통 네트워크 등 다양한 모빌리티의 테스트 베드이기도 합니다. 실리콘 밸리와 버클리·스탠퍼드 대학 등에서 유입된 모빌리티의 미래 기술이 이곳에서 실제로 펼쳐집니다. 개방적이고 관용적인 도시 풍토가 이를 유인하였습니다. 도시에서 기업들은 수많은 시행착오를 경험하며, 이러한 학습을 기반으로 시민들의 효용과 안전을 담은 혁신적인 기술로 발전시켜 나갔습니다. 도시를 상징하는 케이블카는 이제는 동력선 없이 운행하는 미래형 교통수단으로 변화되었습니다. 특히, 도시는 공유 경제를 기반으로 시민들의 교통 접근성을 높이기 위해 노력합니다. 출·퇴근 시 카 셰어링으로 카풀 활용도를 높이고, 도심에 '저속 자율 주행 셔틀'

을 도입하여 교통체증과 탄소를 절감시켜 나갔습니다. 새로운 아이디어로 무장한 신모빌리티의 실험 무대로서의 활용을 장려해 주는 한편 이들 기업에서 일정량의 세금을 받아 대중교통의 재원을 마련합니다.

페스티벌과 MICE가 이끄는 창조 관광

샌프란시스코는 경제의 중요한 한 축으로 관광 및 스포츠 분야를 육성하면서 공연과 축제 등의 다양한 문화 행사와 지역 연고의 스포츠 클럽을 활용한 전략으로 방문객들을 유인하였습니다.

미국 4대 공원 중 하나로 1870년대에 개장한 골든게이트 파크Golden Gate Park는 자연과 문화를 결합한 명소로서 다양한 활동과 이벤트가 열립니다. 시민들을 위한 공원으로서뿐만 아니라 다양한 관광의 기능을 갖추어 연간 천만 명이 넘는 방문객을 유인합니다. 자연사박물관인 '아카데미 오브 사이언스Academy of Sciences'와 17세기부터 이어지는 미국 미술 작품과 여러 지역의 유적을 전시한 '드 영 뮤지엄De Young Museum'도 방문객들에게 흥미로운 경험을 제공합니다. 샌프란시스코 현대미술관SFMOMA을 비롯해 문화예술 시설 밀집 지역인 사우스 마켓South of Market, '소마SoMa'와 문화적으로 풍부한 금융 지구Financial District, 유니온 스퀘어Union Square, 피셔맨스 워프Fisherman's Wharf 등의 상업 가로를 중심으로 쇼핑, 음식, 예술과 문화 활동을 즐길 수 있습니다.

골든게이트 파크

샌프란시스코는 다양한 국제 박람회 및 축제를 개최하면서 방문객들을 유도하고, 도시 네트워크를 활성화시켜 나갑니다. 매해 샌프란시스코 국제 아트 페스티벌The San Francisco International Arts Festival, 'SF PrideSan Francisco Pride' 등의 축제를 개최합니다. 첨단 산업과 바이오 산업 등의 기술을 소개하고 네트워킹 기회를 제공하기 위해 Apple이 주최하는 세계 개발자 컨퍼런스WWDC, 정보 보안과 사이버 보안 분야의 RSA 컨퍼런스, 항공기와 우주 로켓의 첨단 기술을 소개하는 세계 에어로스페이스 엑스포WAE, 세계 최대 바이오 산업 전시·콘퍼런스 BIO 인터내셔널 컨벤션 등도 개최합니다.

샌프란시스코의 관광 산업은 여전히 도시의 주요 경제 부문 중 하나입니다. 도시에 문화적으로 풍부한 가치를 담아 관광 산업에서 많은 수익을 창출합니다. 2022년 기준 약 2,500만 명이 도시를 방문하였고, 이로 인한 관광 소비가 도시에 가져다준 가치는 약 70억 달러에 달했습니다. 여기서 시민들에게는 약 50억 달러의 수입을 가져다주었습니다. 이러한 통계는 샌프란시스코가 얼마나 큰 관광 명소이며, 문화적으로 얼마나 풍부한 경험을 제공하는지를 보여 줍니다.

샌프란시스코는 다양한 분야의 스포츠 클럽을 보유하고 있으며, 다양한 스포츠 관련 행사를 유치하여 지역 경제 활성화에 기여합니다. 샌프란시스코를 연고로 하는 스포츠 클럽으로는 야구 메이저리그^{Major League Baseball}의 샌프란시스코 자이언츠^{San Francisco Giants}, 미국프로풋볼리그^{National Football League, NFL}의 샌프란시스코 포티나이너스^{San Francisco 49ers}가 있습니다. 미국프로농구협회^{National Basketball Association, NBA}의 참여 구단으로는 샌프란시스코로 연고지를 옮길 예정인 골든스테이트 워리어스가 있습니다.

여러 차례 월드 시리즈 우승을 차지한 샌프란시스코 자이언츠^{San Francisco Giants}의 경우 입장권, 광고료 수익뿐만 아니라 도시 방문 명소 중 하나로 손꼽히고 있는 오라클 파크의 식음료 판매와 기념품 판매로 수익을 창출합니다. 세계에서 가장 아름다운 야구장으로 손꼽히는 오라클 파크는 우측 바다인 맥코비 코브에 홈런 볼이 빠지는 스플래시 히트 시 팬들이 볼을 건지기 위해 카약을 타고 대기하는 이색적인 풍경을 연출합니다. 경기장 각 층마다 전용 와인 바를 두고 있을 정도로 와인 산업을 연계하여 스포츠 엔터테인먼트를 강화하면서 도시의 매력을 더합니다. 미국프로풋볼리그^{NFL} 역사상 가장 강력한 팀 중 하나인 샌프란시스코 49ers^{San Francisco 49ers}는 2021년 경제 전문지《포브스》의 평가에서 약 38억 달러의 구단 가치를 인정받았을 정도로 세계적인 스포츠 클럽입니다. 경기 전에 테일게이팅 이벤트, 치어리더 공연, 경기 후에는 포스트게임 이벤트로 방문객을 유인하고, 지역 사회에 연계한 가족 행사를 진행하며 다양한 사회 서비스 프로젝트를 실천합니다.

이 외에도 샌프란시스코에는 지역을 연고로 하는 대학 농구팀의 NCAA 경기를 비롯하여, 2만 명 이상 참가하는 샌프란시스코 마라톤,

알카트라즈 철인 3종 경기 등을 개최하여 수많은 방문객을 유인합니다. 도시 내 자전거 코스뿐만 아니라 해안가를 따라 조성된 요트장과 보트, 윈드서핑 및 카이트서핑을 즐길 수 있는 여건 등도 도시의 매력적인 방문 요인입니다.

결론: 샌프란시스코의 지속 가능성 평가

샌프란시스코는 다양성을 존중하는 사회 분위기와 독자적 도시 계획의 전통 속에 피어난 창조성을 기반으로 도시를 변화시켜 나가면서 지속 가능한 도시로의 성장을 이끌었습니다. 가우디의 건축을 중심으로 한 문화유산의 보존 및 활용, 낙후 지역에 대한 재생을 통한 문화 공간으로의 재탄생, 시와 주민 및 예술가들의 협력적 거버넌스의 실천, 첨단 산업 클러스터를 통한 창조 산업의 역량 구축, 지속 가능한 도시 전략으로서 스마트 도시의 추진, 문화예술, 산업, 스포츠를 연계한 지속 가능한 관광의 실천 등을 통해 도시의 미래를 준비하였습니다. 샌프란시스코가 미래 도시의 모델로 선도적 위치에 설 수 있었던 배경과 전략, 실천 등을 정리해 보면 다음과 같습니다.

첫째, 침체된 도시 경제를 활성화시키기 위한 방안으로 민관이 협력하여 전략을 수립해 문제를 함께 해결해 나가면서 도시의 지속성에 밑바탕이 되었습니다. 브루킹스 연구소와 긴밀한 관계 속에서 해군기지를 재개발하였고, 샌프란시스코 경제개발센터[SFCED]는 도시 입주 기업들이 인프라를 활용할 수 있도록 지원해 주는 역할을 하였습니다. 또한, IT 기업들을 위해 캘리포니아에만 있는 급여세$^{\text{Paryroll Tax}}$의 상한선에 대한 긴급세금우대 조치를 실시하면서 기업에 대한 정책적 지원이 이루어졌습니다. 또한, 도시 재건을 위한 다양한 프로젝트를 추진해 도시를 재생하면서 도시 내 창조적 공간을 조성해 도시의 변화를 이끌어 내었습니다. 도시에 문화유산을 새롭게 변화시켜 창조계급이 활동할 수 있는 창조적 공간들을 조성하였습니다. 50여 개의 피어^{pier}를 재개발하여, 관광 및 레저, 여가의 공간으로 조성하였고, 도시 내 여러 지역을 재개발하여 도시 비즈니스 및 산업 지구의 르네상스를 이끌어 내었습니다. 미션베이 재개발을 통해 바이오 기업 및 스타트업 기업을 유치하였고, 도시 내 정주 여건들을 개선해 나갈 수 있었습니다.

둘째, 도시 내 다양한 문화공간을 조성하고, 예술가들의 활동을 지원해 나가면서 도시 내 창조성을 유지·발전시켜 나갈 수 있었습니다. 샌프란시스코는 박물관, 과학관, 공연장 등의 문화 공간을 갖추고 있으며, 주요 미술관들을 위한 대규모 재건축을 진행하면서 문화 산업 역량을 극대화시켜 나갔습니다. 또한, 도시 내 수많은 카페와 레스토랑 등에서 공연이 진행되고 있으며, 도시민들에 대한 문화예술 지원과 빈곤 지역 도민들을 위한 프로그램도 운영하고 있습니다.

리처드 플로리다[2012]는 도시의 창조적인 생태계의 특징으로 최첨단 음악 및 예술 장면을 손꼽았습니다. 그는 도시 내 창조적인 최첨단 음악 및 예술이 1960년대 Jefferson Airplane, Big Brother 및 Holding Company 등 혁신적인 사운드를 형성한 수많은 밴드를 탄생시켰고 이것이 게이 문화와 함께 도시에 개방성을 가져오는 데 중요한 역할을 했

다고 보았습니다.[18]

셋째, 도시 내 창조 경제 구축을 위해 산업 인프라를 구축하고, 창조 기업과 인재를 유치할 수 있었습니다. 샌프란시스코는 다양한 산업 인프라를 구축하고 개방성과 유연성 등을 바탕으로 수많은 창조 기업들의 실험장이 되었습니다. 이로 인해 도시는 1990년대 후반 닷컴 붐과 2000년대 중반 소셜 미디어 붐의 진원지가 되었고, 여전히 수많은 스타트업 기업의 무대로 가장 큰 인기를 얻고 있습니다. 또한, 창조적 인재와 창의적 성장을 위해 인적 자본을 생산하는 교육 시스템을 구축하였습니다. 캘리포니아대학교University of California, San Francisco, 샌프란시스코 주립대학교San Francisco State University 등과 캘리포니아대학교 버클리University of California, Berkeley, 릴런드 스탠퍼드 주니어 대학교Leland Stanford Junior University 등의 세계 유수의 대학들이 도시 및 근교에 자리 잡았습니다. 전 세계의 수많은 인재가 유입되며, 우수한 대학 교육을 통해 배출된 창조적 인재들이 도시의 창의성을 이끌어 갑니다.

넷째, 샌프란시스코는 인종 및 민족뿐만 아니라 성소수자들에 대한 관용적인 사회 풍토가 조성되어 있으며, 이러한 도시의 개방성이 창조적 사고에 밑바탕이 되었습니다. 리처드 플로리다[2012]는 샌프란시스코의 성소수자와 이민자 및 외부인에 대한 개방성을 도시의 창조적 생태계 구현의 중요한 요인으로 보았습니다. 게이 문화와 게이 운동의 진원지로서 도시 기업가 중 상당수가 창조적인 문화의 특징인 새로운 아이디어,

---

18) "San Francisco's urban tech boom", San Francisco Chronicle, 2012.09.08.

새로운 사고방식에 대한 개방성에 이끌렸다고 보았습니다.[19] 또한, 샌프란시스코는 경제 발전의 한 축으로 관광 산업과 스포츠 클럽을 육성하면서 도시 내 수많은 방문객을 유치할 수 있었습니다. 도시의 독특한 인프라 환경과 문화예술 공연, 축제, 스포츠 행사 등으로 관광 산업의 발달을 촉진시켰습니다.

다섯째, 도시는 미래 성장 전략으로 스마트 도시를 목표로 두고 이를 본격적으로 실천하면서 도시의 지속 가능성을 키워 나갈 수 있었습니다. 일찍이 재난 재해로 인한 대규모 정전 사태인 블랙아웃Black Out을 경험한 이후 도시는 에너지를 효율적으로 사용하기 위해 스마트 그리드Smart grid 관련 정책을 추진하면서 스마트 도시로 변화되었습니다. 다양한 센서와 IoT 장치를 도시 전반에 배치하여 교통, 환경, 인프라, 안전 등 다양한 측면에서 데이터를 수집하고 분석하여 도시 운영을 최적화하고 민간에서 활용이 가능하도록 정보를 제공하였습니다. 스마트 그리드를 활용하여 에너지 수요를 예측하고 효율성을 높여 에너지 절약을 실천해 나갔습니다. 더불어 자율 주행차, 차량 공유, 전동 킥보드, 바이크, 교통 네트워크 등 다양한 모빌리티의 테스트 베드로 모빌리티 미래 기술을 이끌어 나갑니다.

리처드 플로리다[2012]는 3Ts 평가를 통해 샌프란시스코를 기술 지수 3위, 인재 지수와 관용 지수에서도 20위 안에 포함되는 창조 도시로 평가하였습니다.[20] 그는 샌프란시스코는 온화한 기후, 아름다운 경치와 세계

---

19) "San Francisco's urban tech boom", San Francisco Chronicle, 2012.09.08.

20) "San Francisco's urban tech boom", San Francisco Chronicle, 2012.09.08.

적인 수준의 레스토랑 등의 혜택을 입었지만, 이것이 도시의 혁신과 경제 성장을 가져온 것은 아니며, 그 핵심은 모든 인종, 민족, 성별 및 성적 취향의 재능 있고 창의적인 사람들의 집단을 끌어들이는 능력에 있다고 보았습니다. 2007년 시카고의 경제학자 데이비드 알보이^{David Albouy}는 삶의 질과 무역 생산성을 결합한 가장 가치 있는 대도시로 샌프란시스코를 손꼽았습니다.[21] 이러한 높은 평가 속에서도 샌프란시스코는 창조 도시로의 변화와 딜레마가 함께 공존합니다. 샌프란시스코는 창조적 변화 한가운데서 도시에 대한 매력이 여전히 인기를 끌게 되면서 여러 가지 문제에 직면하게 되었습니다.

　기술자와 지식 근로자 및 그 밖의 부유층이 주택을 마련할 만큼 충분한 돈을 벌고 있는 가운데, 이미 샌프란시스코에 살고 있거나 이곳에 살고 싶어 하는 사람이 점점 더 많아졌습니다. 이는 지식 기반의 세계 경제에서 더욱 폭넓은 변화를 반영합니다.[22] 새로운 하이테크 기업이 들어서고, 창조적 인재들이 유입되었습니다. 하지만 창조적인 계급은 도시 중심부에 집중되었습니다. 부유층과 중산층이 교외로 이동했던 '도넛 구멍^{hole in the doughnut}' 문제를 겪었던 미국의 다른 도시들과는 대조적인 현상입니다. 하이테크 산업에 종사하는 인재들과 급료가 낮은 종사자의 계급 분화는 촉진되었습니다. 게다가 새로운 계층들의 유입과 젠트리피케이션으로 불평등은 심화되었습니다.[23] 1950년대 흑인 문화의 중심지였던 샌프란시스코 필모어^{Fillmore} 구역은 더 이상 흑인들을 찾아 보기 어려워졌

---

21) "S.F.'s dilemma: boom is pushing out those who make it desirable", SFgate, 2014.09.40.
http://www.sfgate.com/

22) "S.F.'s dilemma: boom is pushing out those who make it desirable", SFgate, 2014.09.40.
http://www.sfgate.com/

23) "San Francisco's urban tech boom", San Francisco Chronicle, 2012.09.08.

습니다. 제2차 세계대전 이후 수만 명의 흑인이 대거 샌프란시스코로 유입되면서 1948년 약 4,800명이었던 흑인 인구는 1970년 9만 6천 명으로 급증하게 되었습니다. 그래서 샌프란시스코는 한때 '서쪽의 할렘'으로까지 불렸던 곳입니다. 하지만 2016년에는 4만 6천 명으로 흑인 인구가 반으로 감소하였습니다. 다른 인종의 인구는 증가하는 가운데 흑인 인구는 감소했는데 상대적 빈곤 계층인 흑인들이 도시의 급격한 임대비 증가를 감당할 수 없는 게 원인이었습니다. 또한 도시 재개발로 인해 흑인 거주지가 사라지게 되었고, 높은 범죄율로 인해 흑인 지역의 경계가 강화된 것도 문제였습니다. 윌리 브라운 전 시장은 "갑자기 시작된 재개발로 흑인들이 희생당했다."라고 언급하였습니다. 그는 이것을 '도시 재건renewal'이 아니라 '도시 제거removal'로 보면서 비판하기도 하였습니다.[24] 이는 샌프란시스코가 표면적으로 다양성과 포용성의 도시라고 일컬어지고 있는 가운데, 젠트리피케이션으로 인한 그 명암을 여실히 보여 주었습니다.

그리고 히피들의 천국이던 샌프란시스코는 지금 좀비 묵시록이 펼쳐지고 있습니다. 펜타닐과 히로뽕 등 마약류 과다 복용으로 인한 약물 중독자들이 마치 좀비처럼 길바닥에 쓰러지고, 서성이면서 심각한 안전의 위협에 처하게 되었습니다. 문제는 약물 중독자와 이로 인한 사망자가 매해 증가하고 있다는 점입니다. 그들이 공원에 텐트를 치고 살거나 벤치에 기대어 있으면서 거리의 안전은 담보할 수 없게 되었습니다. 안전할 것만 같았던 주요 관광 명소에서도 시민이나 관광객을 향해 약물 중독자들이 괴성을 지르거나 위협을 가하면서 도시의 이미지는 마약 도시라 불리는 필라델피아를 닮아 가고 있는 형국입니다. 싱가포르 못지않

---

24) 「"SF 흑인들 어디로 갔나?"」, 《한국일보》, 2016.11.25.

은 강력한 사법권의 개입과 코로나 시기 못지않은 공중 보건의 접근이 필수적인 상황입니다.

더불어 기존 산업과 새로운 산업 간의 갈등이 도시 내에서 심각한 문제로 부각되었습니다. 창의성과 IT 붐으로 탄생한 우버, 에어비앤비 등의 공유 경제 플랫폼과 기존 산업의 종사자들 간에 갈등이 발생하였습니다. 우버는 택시 업계, 에어비앤비는 호텔 업계 종사자들 간의 생존권을 두고 정면으로 부딪치고 있습니다. 공유 경제 서비스 산업이 확산되면서 피해를 보는 산업들이 발생하게 되었고, 이들 간의 첨예한 갈등이 벌어지고 있기 때문입니다. 각국의 지방자치단체에서도 이와 같은 갈등 문제를 해결하기 위해 규제 방안을 모색하고 있습니다. 샌프란시스코는 이들 업체가 탄생한 지역이기에 과연 이 문제를 어떻게 해결해 나갈 것인지 귀추가 주목됩니다.

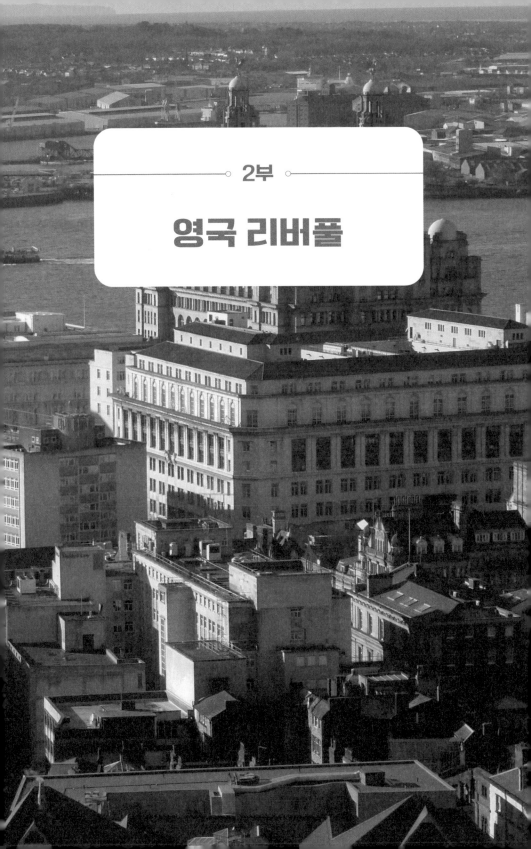

2부

영국 리버풀

도시 개관

리버풀의 위치

리버풀^{Liverpool}은 영국 북서부 머지사이드^{Merseyside}주 머지강 하구 동쪽에 위치한 항구 도시입니다. 해상 무역과 산업혁명을 통해 성장하였으며, 지금은 영국을 대표하는 문화 수도가 되었습니다. 리버풀 대도시권^{Liverpool Metropolitan Area}의 중심 도시로 인구는 약 55만 명^{2021년 기준}이며, 대도시권을 포함하면 약 220만 명의 규모를 보입니다.

리버풀의 역사는 13세기 초기로 거슬러 올라갑니다. 1207년, 영국의 존 왕^{John, King of England}은 리버풀에 로얄 차터^{Royal Charter}를 부여하여 이 지역을 자치구로 선언하였습니다. 이로써 리버풀은 공식적으로 자치를 인정받은 도시가 되었습니다. 16세기 중반까지 리버풀은 작은 소도시로서, 인구는 500명 정도에 불과하였습니다. 이 시기에 리버풀은 주로 항구로 활용되었습니다. 16세기 리버풀은 존 왕의 지시에 따라 전통적인 건축과 도시 계획이 도입되었습니다. 이때 리버풀은 H자 형태로 배치된 전통적인 일곱 거리로 구성되었습니다. 17세기 중반 잉글랜드의 찰스 1세와 왕당파, 의회파 간의 전쟁으로 도시는 요동치며 변화와 파괴를 겪었습니다. 17세기 말엽에는 상인들을 중심으로 노예선을 항해시킴으로써 본격적인 해상 무역 활동이 전개되었습니다. 서인도와의 무역으로 도시는 급격한 성장을 이루었습니다. 18세기 노예 무역에서 얻는 수익으로 도시는 번영하였고, 상업용 습지식 독^{wet dock}도 함께 건설되었습니다.

머지강 유역에 위치한 리버풀

리버풀은 19세기 초부터 무역의 중심지로서 급격한 발전을 이루어 냈습니다. 이 시기에는 리버풀을 통과하는 대규모 무역 활동이 이루어졌으며 이와 함께 부의 상징으로 건물들이 세워졌습니다. 특히, 1830년에는 리버풀과 맨체스터를 연결하는 철도가 개통되어 대도시 간 최초로 철도망을 구축하는 데 성공했습니다. 이것은 혁신적인 발전이었습니다.

1840년대에는 아일랜드의 기근으로 인해 리버풀 인구가 급증하였으며, 1851년에는 도시 인구의 25%가 아일랜드 출신이었습니다. 그러나 1930년대 초에는 대공황으로 인해 실업률이 30%에 달하는 어려운 시기를 겪었습니다. 또한 제2차 세계대전 동안에는 대도시 지역의 주택이 큰 손상을 입고 많은 사람이 희생되었습니다.

1970년대 중반 이후로는 리버풀의 부두와 전통적인 제조 산업이 급격한 하락을 경험했습니다. 컨테이너 운송 기술의 도입으로 인해 도시의 부두 시설 대부분이 더 이상 활용되지 않게 되었습니다. 1980년대 초에는 실업률이 17%로 영국에서 가장 높은 수준으로 치솟았습니다. 이후 도시 경제의 부활로 실업률이 하락하면서 도시로 다시 인구가 유입되었습니다. 또한, 정부의 도시 개발 프로젝트와 재개발 계획이 시작되어 도시 환경이 개선되기 시작했습니다. 2000년대 이후로는 창조 산업 및 교육 분야가 성장하고, 도시 환경이 개선되면서 인구가 다시 증가하였습니다.

리버풀은 독특한 지리적 특성과 함께 다양한 건축 양식으로 가득한 도시입니다. 16세기 튜더 양식의 건물부터 현대 건축물까지 모든 종류의 건축물을 전시하는 곳으로, 그 풍부한 건축 유산은 도시의 역사를 반영합니다. 리버풀의 대규모 건축물은 18세기 후반, 건축술이 대영 제국의 가장 중요한 능력 중 하나로 성장했던 시기에 지어졌습니다. 건축물들은 그들만의 독특한 역사와 아름다움을 지닙니다. 특히, 2004년에는 리버풀의 건축과 디자인 가치를 인정받아 도시 전체가 유네스코 세계문화유산으로 지정되었습니다. 리버풀 해양무역도시Liverpool-Maritime Mercantile City로 알려진 이 지역은 국제 무역과 도킹 기술의 개발을 주도한 도시로서 인정받았으며, 이 지역은 독특한 역사와 문화를 자랑합니다. 이러한 건축 유산은 리버풀을 독특한 관광 명소로 만들었으며, 그 가치는 이곳을 방문하는 이들에게 귀중한 경험을 제공하였습니다.

한 도시 안의 세계^{world in one city}, 유럽문화수도

일찍이 리버풀은 오랜 전통 산업 도시로 경제적 기반이 축소되고 인구가 감소하는 등의 위기 속에서 도시 재생을 추진하면서 도시의 지속 가능성을 높여 나갈 수 있었습니다. 2008년 유럽문화수도를 유치하였고, 이후 창조 산업 기반의 도시 재생을 추진하였습니다. 도시에 다양한 창조적 공간을 활용해 적극적인 문화예술 행사를 진행하면서 도시의 활력은 되살아날 수 있었습니다.

2003년 리버풀 시와 시의회^{Liverpool City Council 2003}의 주도로 2008년 유럽문화수도로 선정되었고, 그 아이디어는 문화 주도의 재생에서 가져왔습니다.[25] 리버풀에서 제출한 유럽문화수도 입찰 요약에 따르면 유럽문화수도 전략의 성공은 "유럽의 가장자리, 미국의 가장자리, 아프리카의 가장자리, 문화적 단층선 위에 살다."라고 기술하며 '한 도시 안의 세계 ^{world in one city}'를 보여 주고자 하였습니다. 2008년 축제 기간 동안은 도시의 '여덟 다리^{eight legs}[26]'를 상징하는 거대한 기계 거미를 선보였습니다. 베를린 필하모닉의 공연을 비롯해 다양한 문화 이벤트, 전시회, 공연, 음악 페스티벌 등 7천여 개 행사가 진행되었고 약 28만 명이 도시를 방문했습니다. 방문자들의 평균 체류 기간도 크게 증가하여 호텔 및 기타 서비스 시설에 머물게 되었으며, 호텔 숙박 수요는 머지사이드와 노스웨스

---

25) 유럽 문화수도 지원 문서에 명시된 다섯 가지 장기 목표는 다음과 같다. 첫째, 리버풀의 경제적, 사회적 물리적 재생에 기여한다. 둘째, 지식 경제와 문화사업과 관련된 창의성과 기술의 개발을 위한 교육과 학습에 대한 접근성을 증가시킨다. 셋째, 문화 단체, 활동, 시설과 서비스의 강력한 인프라를 지탱한다. 넷째, 문화 기업과 창조적인 사람들을 위한 매력적인 환경을 만든다. 다섯째, 도시를 가로 지르는 역동적인 도시 센터와 되살아난 지역에 기여한다(Campbell, Peter Robert, 2011:42).

26) 명예(honour), 역사(history), 음악(music), 머지(the Mersey), 항구(the ports), 지배(governance), 햇빛(sunshine), 문화(culture) 등을 나타낸다.

트 지역 전체에 이익을 가져다주었습니다. 이로 인한 지역 경제 이익은 총 860만 유로에 달했습니다.

리버풀의 성장에는 시와 시민의 협력을 넘어 정부의 적극적인 지원도 뒷받침되었습니다. 2014년 데이비드 캐머런 총리^{David Cameron}에 의해 착수된 리버풀 비즈니스 국제 페스티벌^{International Festival for Business, IBF}이 그 대표 사례입니다. 이 페스티벌은 다양한 국가와 기업 간의 거래와 네트워킹 기회를 제공하여 리버풀을 국제적인 비즈니스 허브로 만들었습니다. 이를 통해 도시는 경제적으로 큰 발전을 이루고 국제 비즈니스 커뮤니티와의 협력을 강화했습니다. 2016년에도 IBF는 3주 동안 열렸으며, 세계 각국의 기업 간의 거래와 네트워킹을 위한 행사로 크게 성공했습니다. 이러한 이벤트를 통해 리버풀은 비즈니스와 경제 분야에서 성장하고, 정부의 적극적인 지원이 도시의 발전을 뒷받침합니다. 이러한 노력은 리버풀의 비즈니스 환경을 개선하고 국제적인 경쟁력을 향상시키는 데 중요한 역할을 합니다.

리버풀 ONE 개발 주도의 도시 재생

1990년대까지 리버풀의 경제는 위축되었지만 그 이후 도시 재건을 위한 프로젝트 전략 추진을 통해 도시를 재생해 나가면서 다채로운 공간을 조성하고 활동을 전개해 나갈 수 있었습니다. 비틀즈와 같은 록 그룹의 대중성 위에 자본화를 이루었고, 세계적인 수준의 아트 갤러리, 박물관, 랜드마크 등을 통한 관광은 리버풀 경제의 중요한 요인으로 성장하였습니다.

2008년 유럽문화수도 행사가 진행되기 전인 2004년부터 리버풀은 부동산 개발자 그로브너^{Grosvenor}를 중심으로 파라다이스 프로젝트가 시작되었습니다. 이로 인해 리버풀 시내에서 활용도가 낮은 지역을 중심으로 재개발이 진행되었습니다. 백화점을 비롯하여 레저 시설, 아파트, 사무실, 공공 오픈 스페이스 및 교통 개선 등의 개발이 이루어졌습니다. 전후 재건 이후 가장 의미심장한 변화로서 파라다이스 거리가 개발되었고 2008년 '리버풀 ONE$^{Liverpool\ ONE}$[27]'이라고 새로운 이름을 붙였습니다. 리버풀 ONE은 소매, 레저 및 숙박 시설을 혼합하여 여섯 개 지역으로 구성되었습니다.[28] 그리고 리버풀 ONE은 2008년 유럽문화수도 기간 동안 일부 문을 열었습니다.

리버풀 원

수십 억 파운드에 달하는 '리버풀 ONE$^{Liverpool\ ONE}$' 개발 주도의 도시 재

---

27) 도시의 중심부에 있는 거대한 야외 쇼핑과 레저를 위한 지역이다.

28) "Masterplan", Liverpoolpsda 웹사이트(http://www.liverpoolpsda.co.uk), 2015.10.22.

생은 2010년대 초 전례가 없는 규모로 계속되었습니다. 가장 중요한 재생 프로젝트의 일부는 상업 지구, 킹스 독, 맨 섬, 라임 거리 등의 지역에서 이루어졌습니다. 이러한 노력으로 리버풀은 도시의 지속 가능성의 기반을 마련해 나갈 수 있었습니다. 물론, 2010년대 초반 민간 부문의 성장과 함께 공공 부문의 구조 조정과 실업 문제가 발생하기도 했지만 이를 통해 도시는 점진적으로 재도약해 나갈 수 있었습니다. 2012년 당시 런던의 1인당 국내 총생산이 약 5만 2천 달러, 글래스고는 약 3만 8천 달러였던 반면 리버풀은 약 2만 8천 달러에 불과했습니다. 하지만 도시는 지속적인 변화를 이끌어 내면서 3년 만인 2015년에 1인당 국내 총생산이 약 4만 6천 달러로 급증하게 되었습니다. 하지만 이후 코로나 팬데믹의 발생으로 다른 지역과 마찬가지로 경제적 충격을 겪었습니다. 관광업, 호텔 및 레스토랑, 문화 및 예술 부문 등에서 많은 업종이 영향을 받았습니다. 코로나 백신 접종과 활동 제한 조치의 완화로 잠시 경기가 회복되었지만, 러시아와 우크라이나 전쟁이 확대되고 영국 은행의 기준 금리가 십여 차례 이상 연속 인상되면서 경기가 둔화되었습니다. 영국 전역에서 제조업과 부동산 시장에 어려움이 가중되고 있지만 리버풀은 과거의 경험을 토대로 이를 충실히 극복해 낼 것입니다.

미래를 준비한 세계의 도시들 2

에코 아레나와 관람차

갱의 무대에서 안전 도시로

리버풀은 19세기 중반부터 도시 내 갱이 존재하였고 범죄 활동이 이어졌던 곳입니다. 특히 1980년대부터는 리버풀이 마피아 활동의 중심 지역 중 하나로 부상하며 마약 거래와 관련된 카르텔로 발전하였습니다. 이에 대응하여 도시 안전을 유지하기 위해 리버풀은 다양한 노력을 기울여 왔습니다.

리버풀의 도시 안전 관리는 커뮤니티 안전 파트너십을 중심에 두었습니다. 시의회, 경찰, 소방청 등 유관 기관들이 파트너십을 형성하고, 지역 사회 안전 및 방범, 범죄 예방 계획 등을 수립해 실천하였습니다. 알코올 중독 예방을 위한 프로그램부터 도시 안전을 위한 디자인과 그라피티 등 다양한 도시 안전 전략을 실천하였습니다. 리버풀 지역 안전 및 범죄 예방 워킹 그룹이 설립되어 프로젝트와 프로그램의 구현, 모니터링, 평가를 통해 사회 안전을 향상시키고 범죄율을 줄이는 데 주력하였습니다. 이러한 노력의 결과로 현재 리버풀은 영국 내에서 가장 안전한 도시 중 하나로 인정받았습니다.

이처럼 리버풀은 오랫동안 갱 활동의 중심 무대에서 도시 안전을 위한 지역 커뮤니티를 구성하였고, 이와 함께 다양한 사회 안전망을 확충해 나가면서 안전한 도시로 변화해 나갈 수 있었습니다.

리버풀 해양 상업 도시와 창조 공간

리버풀은 오랜 역사와 풍부한 문화유산을 자랑하며 이를 보존하고 창조적으로 활용한 도시입니다. 도시 중심지의 피어헤드Pier Head, 알버트 독Albert Dock, 윌리엄 브라운 거리William Brown Street 등

알버트 독 Albert Dock

은 유네스코 세계문화유산으로 지정되었습니다.

피어 헤드Pier Head

　리버풀의 해양 상업은 역사적으로 도시 개발의 중심 역할을 해 왔습니다. 리버풀은 세계 최초로 밀폐된 습식 독을 건설하여 도시의 상업 활동을 지원하였습니다. 특히 1846년에 건립된 알버트 독은 레스토랑, 바, 상점, 호텔 외에도 머지사이드 해양 박물관, 국제 노예 박물관, 테이트 리버풀, 비틀즈 스토리 등이 자리한 문화 공간으로 재생되었습니다. 리버풀에서 가장 인상적인 수변 지역 중 하나인 피어 헤드에는 19세기 후반에서 20세기 초에 건설된 로얄 리버the Royal Liver Building, 쿠나드Cunard Building, 리버풀 항Port of Liverpool Building 등의 빌딩이 있어 과거의 화려했던 도시의 명성을 보여 줍니다.

　또한, 리버풀의 상업 지구에는 중세 시대의 건축물이 여전히 남아 있습니다. 1754년에 완성된 리버풀 타운 홀Liverpool Town Hall, 잉글랜드 은행 빌딩Bank of England Building, 알비온 하우스Albion House, 시 건물Municipal Buildings과 오리엘 챔버스Oriel Chambers 등은 도시의 역사와 아름다움을 보여 줍니다. 리버풀은 독특한 건축 유산의 가치를 인식하고 이를 보존하여 시민들과 방문객들에게 도시의 역사와 문화를 제공합니다.

　윌리엄 브라운 거리 주변 지역은 리버풀의 문화 쿼터로 알려져 있으며, 다양한 문화 및 예술 시설로 인해 도시의 문화생활을 활기차게 만듭니다. 이 지역에는 윌리엄 브라운 도서관William Brown Library, 워커 아트 갤러리Walker Art Gallery, 픽션 리딩 룸Picton Reading Rooms 그리고 리버풀 세계 박물관World Museum Liverpool이 위치합니다. 특히, 세인트 조지 홀Saint George's Hall은 네오 클래식 양식의 건축물로, 갤러리와 콘서트홀로 사용되며, 영화 촬영을 하거나 리버풀의 영화 산업 사무실로도 활용되어 왔습니다. 이 건물은 리버풀을 상징하는 중요한 건축물 중 하나로 꼽힙니다. 이처럼 도시의 풍부한 건축 유산은 영국뿐만 아니라 세계의 유명 도시들을 배경으로 하는 작품들의 촬영 무대가 되었습니다. 장소뿐만 아니라 관련 인력과 장비, 다양한 촬영 지원 시스템을 구축하면서 미디어의 발전을 촉진시키고, 쇠락한 도시를 부활시키면서 도시 재생과 도시 마케팅의 성공모델이 되었습니다.

'리버풀의 경험' 효과와 창조 산업

리버풀은 오랜 기간 창조와 혁신을 거듭해 온 도시로 다양한 부분에서의 창조적인 경험을 토대로 끊임없는 혁신을 이루어 갔습니다.

리버풀은 현대 대중교통의 시작점으로 철도, 대서양 횡단 증기선, 도시 트램 그리고 전기 기차와 같은 모든 대중교통 수단의 기반을 마련한 도시입니다. 역사적으로, 세계 최초의 철도 터널과 최초의 예약 승객 헬기 서비스도 시작하였습니다. 금융 분야에서는 영국 최초의 보험자 협회와 회계사 협회가 이곳에서 탄생하였으며, 1700년대 후반에는 서양 세계 최초의 금융 파생 상품 중 하나인 면 선물이 리버풀 목화 거래소에서 거래되었습니다.[29] 또한 최초의 대출 도서관, 문예 협회, 공공 예술 센터가 이곳에서 시작되었을 정도로 예술 분야에서도 리버풀은 놀라운 업적을 이루어 내었습니다. 1864년 세계 최초의 철 프레임을 사용한 '오리엘 챔버Oriel Chambers'는 커튼월 빌딩의 원형이 되었습니다.

오리엘 챔버

리버풀은 또한 교육 분야에서도 혁신의 중심이었습니다. 최초의 맹인 학교, 역학 연구소, 여성 고등학교, 소년 법원 등이 이곳에서 창설되었으며, 영국왕립동물학대방지협회RSPCA, 영국아동학대방지학회NSPCC, 노인 복지Age Concern, 시민 상담소, 법률 구조 등은 모두 이 리버풀에서부터 발전하였습니다. 공중 보건 분야에서도 리버풀은 혁신의 중심지로서 첫 구명보트장, 공중목욕탕, 세탁소, 위생 활동, 의료 장교, 지구 간호사, 슬

---

29) "Liverpool", 위키피디아 영어판(https://en.wikipedia.org/), 2017.11.10.

럼 철거, 특수 제작 구급차, X선 의료 진단, 학교 무료 급식, 암 연구 센터, 전염병 연구 센터 등이 이 도시에서 처음 시작되었습니다.

리버풀은 역사적으로 그 경제의 기반을 항구와 제조업에 두고 있었습니다. 도시는 영국 북서부 지역에서 가장 중요한 두 경제 산업 중 하나인 해양 산업의 역사를 자랑합니다. 오늘날에는 그 비중이 줄어들기는 했지만 그럼에도 불구하고 리버풀항은, 주요 해운 선사들의 본부가 있는 영국에서 가장 중요한 항만 중 하나입니다. 또한 리버풀항은 전통적인 제조업 지역으로서 공공과 민간 부문의 파트너십을 통해 해양 산업의 잠재력을 키워 나갑니다. 최근에는 머지 협력을 통해 해양 산업의 잠재력을 극대화하며 '슈퍼포트Super Port'로 불립니다.

리버풀에는 창조적 기업의 50%가 자리 잡았습니다. '리버풀의 경험' 효과를 체득한 리버풀 출신의 인재들이 중심이 되었습니다. 주로 리버풀대학의 졸업생이거나 리버풀에 뿌리를 둔 사람들입니다. '리버풀의 경험'은 도시로 인재들을 유인하는 데 긍정적인 요인이 되었고, 이는 도시 경제 성장과 혁신을 이끌어 가는 주체가 되었습니다. 그 결과 2000년대 초반까지 LCR 내에서만 6천여 개의 창조 기업과 4만여 개의 일자리를 유치할 수 있었습니다. 특히 미디어 및 생명과학 등의 분야에서 리버풀은 최근까지 상당한 성장을 이루며 영국 미래 산업을 이끌어 나가는 거대한 버팀목으로 자리매김하였습니다.

창조적 사고와 혁신 이끈 리버풀 교육

리버풀의 창조적 사고와 혁신은 교육에서부터 시작되었습니다. 초중등 교육에서부터 학생들이 비판적 사고, 문제 해결 능력, 혁신적인 아이디어를 개발하고 개선하는 데 중점을 두었습니다. 학교는 과학, 기술, 공학, 수학 등 STEM 분야뿐만 아니라 문학, 예술, 음악 등 인문 및 예술적 소양을 함께 체득할 수 있도록 돕습니다. 문제 중심 학습과 팀 프로젝트 활동을 통해 학생들은 스스로 문제를 발견하고 해결하기 위해 혁신적인 접근 방식을 채택하며 창의적인 아이디어를 개발합니다. 이를 통해 학생들이 미래의 도전에 대비하고 창의적인 문제 해결 능력을 갖추도록 지원하면서 도시 혁신의 시발점을 만듭니다.

특히, 인재 양성에서는 산업혁명 시기에 세워진 '붉은 벽돌 대학교[Red brick university]' 중 하나로 세계적인 명문으로 손꼽히는 리버풀대학[The University of Liverpool]이 그 선도에 섰습니다. 1903년 의회의 헌장과 법에 따라 학위를 수여할 수 있는 권리를 받은 최초의 대학이며, 영국의 연구 중심 대학 협의체인 '러셀 그룹[Russell Group]'의 창립 대학 중 하나입니다.

리버풀대학교

1908년 노벨 의학상을 수상한 로널드 로스[Sir Ronald Ross, 1902], 1947년 노벨 화학상을 수상한 로버트 로빈슨[Sir Robert Robinson, 1947], 노벨 평화상을 수상한 조셉 루트프랫Joseph Rotblat, 1995 등의 수많은 노벨상 수상자를 배출하였을 정도로 리버풀대학교는 높은 연구 역량을 지니고 있으며, 혁신적인 연구 프로젝트를 주도하였습니다. 최근까지 세계적인 수준의 연구 프로그램에도 400여 개 이상을 직접 참여하였습니다. 특히 인체면역결핍바이러스HIV, 후천성면역결핍증AIDS와 같은 주요 전염병 및 감염병에 대한 연구에서 세계적으로 그 성과를 인정받고 있으며, 새로운 치료법과 예방법 개발에 기여합니다. 이뿐만 아니라 다양한 연구를 진행하면서 식물 게놈을 해독하였고, 말라리아 백신의 임상 시험도 진행하였습니다. 최근에는 자율 주행 자동차, 의료 진단, 언어 처리 및 로봇 공학과 같은 인공지능의 다양한 응용 분야에서 혁신적인 기술과 태양광 및 풍력 에너지, 배터리 기술, 그리드 관리 등의 신재생 에너지 분야의 솔루션을 개발하면서 수십만 파운드의 연구 수입을 창출하였습니다. 이를 통해 학생들에게 최신 연구 결과물과 지식을 습득하고 연구에 참여할 수 있는 기회를 제공하였습니다.

리버풀대학교는 우수한 교수진을 유치하고 다양한 국적의 학생들을 유인하여 혁신을 촉진합니다. 약 130개국에서 온 학생들이 이 대학에서 연구하여 이를 통해 학문적 소양과 국제적 시야를 확장합니다. 대학은 기업과의 협력과 인턴십, 연구 프로젝트, 창업 지원 프로그램 등을 통해 학생들에게 현실적인 경험을 제공하며, 인재 양성을 이끌었습니다. 더불어 창업 지원 프로그램을 통해 혁신적인 아이디어를 창업으로 이끌 수 있도록 지원하고 멘토링을 제공합니다. 이렇게 대학에서 배출된 인재들은 대부분 도시에 남아 지역 내 창조 산업을 이끄는 원천이 되었습니다. 도시를 떠난 인재들은 국제 사회의 일원으로 참여하며 리버풀대학과 도시의 명성을 높이는 데 기여합니다.

항구 도시에서 피어난 관용적 풍토

리버풀은 항구 도시라는 지리적 특성과 다양한 역사 문화적 요인에 의해 일찍이 다문화 사회가 형성되었고, 이를 배경으로 사회적으로 관용적인 풍토가 조성되었습니다. 리버풀 본토인은 리버풀리안^{Liverpudlians, 리} ^{버풀 사람30)}을 비롯해 많은 이민자로 구성된 다문화 사회입니다. 도시에는 영국에서 가장 오래된 아프리카계 흑인 공동체와 중국인 공동체가 있습니다. 초기 차이나타운은 슬럼 철거와 세계대전으로 인해 사라졌지만 이후에 도심 주변에 재형성되었습니다. 특히 19세기와 20세기에는 아일랜드, 웨일스, 스코틀랜드, 중동, 중유럽 및 아시아에서 수많은 이민자가 도시로 유입되었습니다.

이로 인해 리버풀은 크리스트교, 이슬람교, 유대교, 힌두교, 시크교 등 다양한 종교 공동체를 포함하고 있으며, 다양한 종교 간 협력과 이해관계를 구축했습니다. 1800년대 리버풀에 독일인, 그리스인, 북유럽과 유대인 지역 사회가 각각 성장하면서 설립된 독일교회, 그리스 정교회, 아돌프 교회, 회당 등의 종교 건축물이 다양하게 배열되었습니다.

---

30) 구어체로 스카우저(Scousers, 리버풀 시민)는 리버풀 사람을 지칭하는 단어지만, '돈 없어서 좀도둑
   질만 하는 놈들'이라는 비유 섞인 용어이다.

메트로폴리탄 대성당

알라마 모스크

　리버풀이 지리적으로는 항구로서 다양한 민족과 인종이 뒤섞인 다문화 사회이기는 하지만, LGBTQ의 관용성에서 볼 때는 오랫동안 로마 가톨릭과의 긴밀한 관계로 인해 동성애라는 맥락에서 부정적이었습니다. 하지만 최근에는 LGBTQ 인구가 약 9만 4천 명에 달할 정도로 영국의 어떤 지역보다도 인구 규모나 비율에서 높은 수준을 보입니다. 영국 최초이자 유일한 공식 게이 지구로서 영국 내에서 게이에게 가장 친화적인 대학이 있고 유럽에서 가장 큰 게이 프라이드 축제가 열립니다.

여러 요인이 있겠지만 그중에서도 2008년 지정된 유럽문화수도가 도시 변화에 큰 영향을 미쳤습니다. LGBTQ 커뮤니티에서 도시의 LGBTQ에 대한 부정적인 시각에 대해 의문과 비판을 제기하면서 이에 대한 시각이 변화되었습니다. 2009년 LGBTQ 네트워크가 만들어지면서 규모 있는 공동체로 성장하였고, 다채로운 캠페인 활동도 전개되었습니다. 리버풀 프라이드가 유럽 최대의 프라이드 축제 중 하나로 확고히 자리매김할 수 있었던 원동력은 역시 리버풀의 개방성과 다양성에서 기인합니다. 시민들과 함께하는 지역 축제로 성장하면서 시의회는 일부 거리를 공식적인 동성애자 지구로 승인하였습니다. 무지개 깃발이 새겨진 표지판을 설치하고, 도시 재생과 함께 연계하여 관광 명소로 조성해 나가면서 수백만 파운드의 경제 효과를 창출하였고, 영국 내 신문화를 이끄는 창조성의 무대가 되었습니다.

이처럼 리버풀의 높은 관용도는 도시 문화를 풍부하게 만들면서 다양한 배경을 가진 사람들을 더욱 유인합니다. 이러한 다양성은 도시의 사회, 문화, 경제 발전에 기여하며, 리버풀을 개방적이고 활기찬 공간으로 만드는 원천입니다.

음악^{비틀즈}과 축구^{리버풀 FC와 에버턴 FC}

리버풀은 경제의 중요한 한 축으로서 관광 레저 분야를 육성하면서 공연과 축제 등의 다양한 문화 행사와 리버풀 프리미어 축구팀을 활용한 창의적 전략으로 방문객들을 유인합니다. 리버풀의 강점 중 하나는 방문자에게 폭넓은 체험 기회를 제공한다는 것입니다. 문화유산과 예술, 음악과 유흥, 스포츠와 같은 다양한 분야에서 강한 콘텐츠를 갖고 있습니다.

피어 헤드에 세워진 비틀즈 동상

최대 수억 파운드에 달하는 수익이 도시가 지닌 관광 자원을 통해 창출되고 있을 정도로 리버풀의 관광 산업은 도시 경제에서 매우 중요한 부분을 차지합니다. 특히, 비틀즈와 연계된 머지비트$^{Merseybeat31)}$는 관광 목적지로 리버풀을 선택하는 가장 중요한 동기가 되었습니다. 비틀즈가 시작된 매튜 거리의 카벤 클럽과 존 레논$^{John\ Lennon}$, 폴 매카트니$^{Sir\ Paul}$ ^{McCartney}의 어린 시절 집이었던 '멘딥스^{Mendips}'와 '20 Forthlin Road' 등은

---

31) 머지비트는 록 그룹이기도 하면서, 1960년대 초반에 생겨난 로큰롤계의 사운드를 말하기도 한다. 리버풀에 흐르는 머지강에서 탄생한 사운드명이다.

여전히 도시 관광의 핵심이며, '팝 세계수도World Capital City of Pop'를 이끄는 핵심 자원이자 2008년 유럽문화수도를 이끄는 힘이 되었습니다. 이러한 문화유산은 비틀즈 음악이 세상을 어떻게 변화시켰는지에 대해 경험을 제공하면서 리버풀의 지속 가능한 관광을 이끄는 강력한 힘이 되었습니다.

또한, 영국에서 가장 오래 살아남은 오케스트라인 왕립 리버풀 필하모닉 오케스트라Royal Liverpool Philharmonic Orchestra의 고향이며, 다채로운 장르의 음악 공연이 펼쳐지는 무대입니다.

매튜스트리트의 카벤 클럽

1993년부터 리버풀에서는 매년 8월 공휴일Bank Holiday32) 주말에 이틀 동안 열리는 리버풀 매튜스트리트 뮤직 페스티벌Liverpool Mathew Street Music Festival 을 비롯해 리버풀 국제 음악제Liverpool International Music Festival, 아프리카 오예

---

32) 세계 금융의 중심지인 영국 중앙은행(Bank of England)에서 한 해에 며칠을 휴일로 정하여 시작되었다. 1971년 제정된 법률에 따르며 주로 월요일에 쉬는데, 같은 영국이라 할지라도 지역별로 약간의 차이를 보인다.

Africa Oyé33), 브라질리카Brazilica, 사운드시티Sound City와 국제 비틀즈 주간 페스티벌International Beatleweek, 크림필즈Creamfields 등 일 년 내내 다채로운 음악 축제가 열립니다. 유럽과 북미를 비롯해 전 세계에서 수백여 개의 밴드와 댄서, 음악가가 참여하는 세계적인 음악 축제들로 수백만 명에 달하는 애호가를 도시로 유인합니다.

2018년 한 해에만 무려 3,800만 명이 도시를 찾았고, 33억 파운드의 수익과 호텔, 레스토랑, 관광 가이드, 이벤트 조직 및 관련 서비스 분야에서 3만여 개의 일자리를 창출하였습니다.

리버풀 FC의 안필드

또한 리버풀을 연고로 한 프리미어 축구팀인 리버풀 FC와 에버턴 FC는 클럽 후원과 광고, 상품 판매, 스폰서 계약 등을 비롯해 도시 관광 산업에 상당한 영향을 미칩니다.

리버풀 FC의 경우 유럽 내외에서 많은 축구 팬들의 주목을 받는 클럽 중 하나로 글로벌 브랜드로 성장하였습니다. 경기를 관람하기 위해 많

---

33) 영국 리버풀 세프턴 파크에서 매년 6월에 열리는 살사, 소카(Soca), 레게 축제이다.

은 관광객이 홈구장인 안필드^{Anfield}를 방문하면서 관광 산업의 성장을 촉진합니다. 축구의 역사적인 중심지로서 도시의 브랜드를 향상시키고, 세계적인 도시로 리버풀을 홍보하는 데 기여합니다. 2021년 포브스 평가에 따르면 리버풀 FC의 총 가치는 약 27억 달러로 최상위 클럽군에 위치합니다. 번호가 매겨진 셔츠, 투광 조명 및 지하 난방과 같은 선구적인 발전을 축구 역사에 남긴 에버턴 FC는 유서 깊은 구디슨 파크^{Goodison Park}를 비롯해 전통적인 영국 축구 문화를 경험하고 감상할 수 있는 축구 관광 모델이 되었습니다.

이처럼 리버풀은 공연과 축제 등의 다양한 문화 행사와 프리미어 축구 클럽을 활용하여 수많은 관광객을 유인하면서 매해 수억 파운드의 가치를 창출하고 직접적으로 수만 개의 일자리를 지탱하는 거대한 힘입니다. 경제적인 이익뿐만 아니라 도시 인프라와 시설 개선 등 지역 개발과 문화 관광 도시로서 도시 마케팅, 지역 문화와 역사에 대한 문화 체험 등 다양한 부문에서 가치를 창출시켰습니다.

노인 헬스케어와 5G 기반 교육의 스마트 도시

리버풀은 런던, 벨파스트, 우스터 등과 함께 영국의 스마트 도시를 이끌어 가는 한 축입니다. 2013년 정부 차원에서 진행된 '미래 도시^{future of cities} 프로젝트'가 스마트 도시 도입에 기반이 되었습니다. 도시는 빅데이터와 오픈 데이터, 사물인터넷^{IoT}, 클라우드, 모바일, 정보 기술^{IT} 서비스, 금융 기술 등을 유기적으로 결합한 스마트 도시 건설을 목표로 하였습니다. 도시는 교통과 에너지, 보안 및 안전 관련 데이터를 수집 및 분석하여 도시 전체 시스템을 통합적으로 운영하면서 도시 개발 및 운영의 각종 비용과 자원 소비를 획기적으로 줄이고, 이와 함께 시민들의 삶의 질도 함께 높여 나갔습니다.

특히 리버풀은 영국 내 스마트 도시 전략 부문에서 노인 헬스케어 서비스 구축을 담당합니다. 고령화 사회의 가속화로 노년층을 위한 맞춤형 스마트 도시의 필요성이 대두되면서 리버풀이 그 선도적 역할을 담당하게 되었습니다. 민간과 리버풀대학교 그리고 IT 기업 등과 협력적 거버넌스를 기반으로 리버풀 컨소시엄을 구성하면서 도시는 의료에 대한 '시민 데이터 모델civic data model'을 만들어 나갑니다.

일찍이 도시는 리버풀대학의 유전체 연구 센터와 울프슨 센터 등을 중심으로 노인 맞춤형 의료 사업을 진행해 왔습니다. 리버풀대학과 협업하여 의료 임상 실험도 진행 중입니다. 빌게이츠 재단의 지원으로 말라리아 백신을 개발하고, 인공지능을 활용한 신약도 개발합니다. '앨더헤이Alder hey 어린이 병원'을 중심으로 시민 건강을 책임지기 위한 컨소시엄도 마련하였습니다. 더불어 세계적인 IT 기업과 협력해 소아질환, 응급의학, 암 치료, e-헬스 등의 부문에서 빅데이터와 기술 플랫폼을 치료에 활용할 계획입니다.

영국 내 첨단 산업을 이끌어 가는 중심지로 리버풀은 노인 헬스케어 서비스와 함께 5G, 인공지능, 가상현실VR, 사물인터넷IoT 등 디지털 연결성을 기반으로 한 교육을 추진하고 있습니다. 코로나19 팬데믹을 경험하면서 도시는 디지털 기술이 문해력의 한 형태임을 인식하고 디지털 연결성을 기반으로 한 교육 시스템을 만들어 나갔습니다. 가상현실VR이나 증강현실AR 기술 등을 활용하여 대면 교육뿐만 아니라 비대면 교육을 보다 실감나게 조성하였습니다. 더 나아가 인프라와 비용, 교육 부족으로 인해 디지털 방식에서 배제된 디지털 빈곤층 문제를 파악하고 이들의 접근성도 향상시키며 디지털 세계의 사회적 평등도 실천하였습니다.

또한, 리버풀은 도시 전역에 지속 가능한 여행 통로를 만들기 위해 '지속 가능한 녹색여행회랑 프로젝트'도 실천하였습니다. 존 무어스 대학 등 여러 파트너와 함께 다양한 인공지능^{AI}과 대시보드를 개발하고, 이를 활용하여 도시 내 교통 흐름 및 여행 패턴, 대기질과 날씨에 관한 정보를 수집·분석하여 정확하고 상세하게 정보를 제공할 수 있도록 하였습니다. 자전거와 도보로 시민들의 일상생활과 방문객들의 여행을 도우며, 교통 흐름을 개선하고 오염을 줄여 나갔습니다.

4차 산업혁명 시대에 들어선 지금 리버풀은 산업혁명의 발상지로서 스마트 도시 분야에서 노인 헬스케어와 5G 기반 교육을 선도해 나가는 스마트 도시 모델로 발돋움할 것으로 기대됩니다.

결론: 리버풀의 지속 가능성 평가

리버풀은 전통 산업 도시의 성장 기반이 축소되는 위기를 인식하고 도시가 지닌 문화 자원을 재생해 변화를 이끌면서 도시의 지속 가능성을 높여 나갈 수 있었습니다. 도시의 오랜 혁신의 경험을 바탕으로 한 유럽문화수도의 유치와 성공, 전통 문화유산의 보존을 통한 유네스코 세계문화유산 지정, 파라다이스 프로젝트·리버풀 ONE 프로젝트 등을 통한 도시 재생, 전통적인 제조업 지역의 잠재력 향상 및 창조 산업의 기반

조성, 지속 가능한 도시 전략으로서 스마트 도시의 추진, 문화·산업 등과 연계한 지속 가능한 관광의 실천 등을 통해 도시의 미래를 준비하였습니다. 리버풀이 미래 도시의 모델로 선도적 위치에 설 수 있었던 배경과 전략, 실천 등을 정리해 보면 다음과 같습니다.

첫째, 리버풀은 도시 문제를 해결하기 위해 시와 주민들이 함께 도시 개발 전략을 수립하고 추진하면서 도시의 지속 가능성을 높여 나갈 수 있었습니다. 시의 주도적인 노력으로 2008년 유럽문화수도로 선정되었고, 문화 주도의 도시 재생을 실천해 나갈 수 있었으며, 시민들은 문화적 커뮤니티에 적극적으로 참여하여 이를 뒷받침하였습니다. 또한 리버풀은 2008년 유럽문화수도 선정과 도시 재건 프로젝트를 실천해 나가면서 도시에 창조적 공간을 조성하였습니다. 해양 상업 도시를 포함하여 도시의 전통 문화유산을 보존해 나가면서 유네스코 세계문화유산으로의 지정을 이끌었습니다. 더불어 2004년부터 파라다이스 프로젝트를, 2008년부터 리버풀 ONE^{Liverpool ONE} 프로젝트를 통해 도시 재생을 이끌었습니다. 민관 협력의 거버넌스를 통해 도시에 새로운 활력을 불어넣으면서 시민들의 삶의 질을 높여 나갈 수 있었습니다.

둘째, 리버풀은 전통 산업의 혁신을 통해 그 잠재력을 육성하고, 첨단 산업을 유치하여 도시 경제의 지속적인 성장 기반을 마련할 수 있었습니다. 리버풀은 역사적으로 그 경제의 기반을 항구와 제조업에 두고 있었습니다. 영국 북서부 지역에서 가장 중요한 경제 기반 중 하나인 해양 산업의 오랜 역사를 지닙니다. 공공과 민간 부문의 파트너십을 통해 전통적인 제조업 지역의 해양 산업의 잠재력을 키워 나가고 있습니다. 더 나아가 산업에서부터 대중교통, 교육, 공중 보건, 예술, 건축 분야에 이르기까지 창조와 혁신을 선도하였습니다. '리버풀의 경험'은 도시로 인재들을 유인하는 데 긍정적인 요인이 되었고, 이는 도시 경제 성장과 혁신을 이끌어 가는 주체가 되었습니다. 리버풀대학에서 배출된 인재들도 대부분 도시에 남아 지역 내 첨단 산업과 창업을 이끄는 창조의 원동력이 되었습니다.

셋째, 리버풀은 항구 도시라는 지리적 특성과 다양한 역사 문화적 요인에 의해 일찍이 관용적인 사회 풍토가 조성되어 있으며, 이러한 도시의 개방성이 창조적 사고에 밑바탕이 되었습니다. 리버풀리안과 아일랜드, 웨일스, 스코틀랜드, 중동, 중유럽 및 아시아 등 많은 이민자로 구성된 다문화 사회로 다양한 종교 공동체를 포함하며 협력과 이해관계를 구축하였습니다. 오랫동안 로마 가톨릭과의 긴밀한 관계로 인해 동성애는 부정적이었지만 최근 영국 내에서 LGBTQ에 대한 관용도가 높은 도시가 되었습니다. 이처럼 리버풀의 높은 관용도는 도시 문화를 풍부하게 만들면서 영국 내 신문화를 이끄는 창조성의 무대이며, 다양한 배경을 가진 사람들을 더욱 유인합니다.

넷째, 리버풀은 정부 차원에서 진행된 '미래 도시future of cities 프로젝트'를 통해 스마트 도시 부문을 이끌어 가게 되었습니다. 교통과 에너지, 보안 및 안전 관련 데이터를 수집 및 분석하여 도시 전체 시스템을 통합적으로 관리하는 시스템을 구축하였습니다. 특히, 민관의 협력적 거버넌스를 기반으로 리버풀 컨소시엄을 구성하고 의료에 대한 '시민 데이터 모델civic data model'을 구축하는 등 영국 내 스마트 도시 전략 부문에서 노인 헬스케어 서비스의 선도적 위치에 섰습니다. 더불어 도시는 5G, 인공지능, 가상현실^{VR}, 사물인터넷^{IOT} 등 첨단 산업을 이끌어 가는 중심지로 디지털 연결성을 기반으로 한 교육 시스템을 구축하였습니다. 디지털 빈곤층 문제를 파악하고 이들의 접근성도 향상시켜 디지털의 사회적 평등을 이루기 위한 방안도 이끌어 가면서 미래 도시의 선도적 모델이 되었습니다.

다섯째, 리버풀은 경제의 중요한 한 축으로 관광 레저 분야를 육성하면서 공연과 축제 등의 다양한 문화 행사와 리버풀 프리미어 축구팀을 활용한 창의적 전략으로 방문객들을 유인합니다. 문화유산과 예술, 음악과 유흥, 스포츠와 같은 다양한 분야에서 강한 콘텐츠가 그 힘이 되었습니다. 전 세계 음악 팬들을 유인하는 세계 팝의 수도로, 세계적인 축구 팬을 거느린 명문 구단으로 리버풀은 방문객들에게 다양한 경험과 만족감을 선사하였습니다. 이를 통해 도시는 수많은 관광객을 유인하면서 매해 수억 파운드의 가치와 수만 개의 일자리를 창출하는 효과를 발생시켰습니다.

한편, 리버풀은 지속 가능성을 확대해 나가기 위한 도시 전략을 추진하는 과정에서 큰 딜레마에 빠졌습니다. 도시가 야심 차게 준비했던 '리버풀 ONE$^{Liverpool\ ONE}$'이라는 도시 재생 프로젝트가, 도시를 유럽 최대의 마천루 클러스터로 개발하려는 '리버풀 수변 개발 프로젝트'에 의해 추진 동력을 상실했기 때문입니다. 새로운 서비스 및 주거 공간 조성 계획에 따라 세계문화유산으로 지정된 리버풀 해양무역도시$^{Liverpool-Maritime\ Mercantile\ City}$에 손상이 가해질 것임에도 불구하고 시의회는 이 계획을 허가

하였습니다. 결국, 2021년 도시 재개발 계획으로 인해 해양무역도시는 유네스코 세계문화유산 자격을 박탈당하게 되었습니다.

한편 리버풀은 수십여 년간 지속적으로 도시의 경제 활성화 전략을 펼쳤음에도 불구하고 가시적인 성과를 거두지는 못했습니다. 1인당 국내 총생산도 영국 평균에도 미치지 못해 많은 전문가들로부터 비판을 받기도 했습니다. 그러나 1832년 콜레라 창궐 당시 영국 최초의 공중목욕탕이 이곳에서 문을 열었고, 1840년에는 세계 최초의 증기선이 출항되었으며, 유럽문화수도와 세계 팝의 수도를 이끈 비틀즈가 탄생한 도시가 리버풀입니다. 코로나19로 인한 팬데믹에서도, 포스트 코로나에서도 혁신의 힘을 발휘하며 지속 가능성을 높여 나가고 있는 리버풀의 도시 개발은 지금도 여전히 현재 진행형입니다.

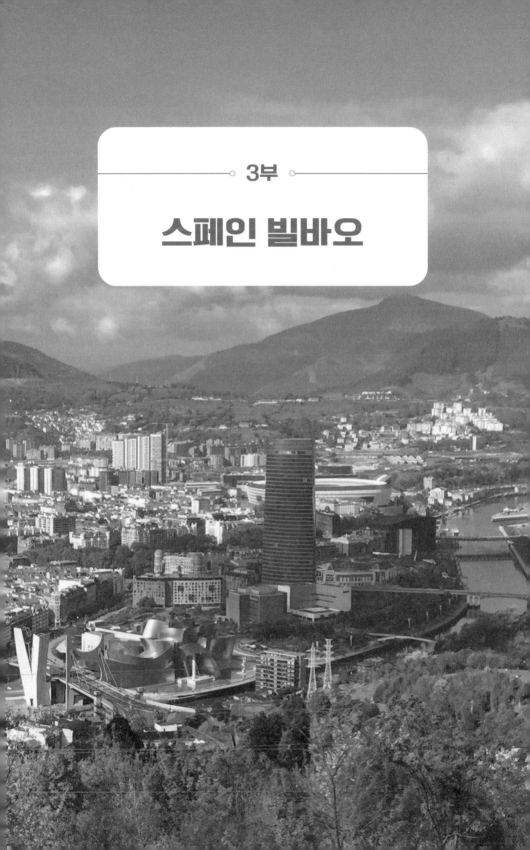

3부

스페인 빌바오

📍 도시 개관

빌바오의 위치

빌바오는 스페인의 자치 지역 중 하나인 바스크 지방Basque Country 비스카야Biscay의 자랑스러운 주도로 자리했습니다. 이 도시는 스페인 북부 지역에 품겨, 비스케이만의 남쪽에서 14㎞ 떨어져 네르비온Nervion강과 안바띠Nervión강을 건너 마주했습니다. 이 도시의 중심은 해발고도 400m 정도의 두 개의 작은 산맥으로 둘러싸여 있어, 자연의 아름다움과 함께 조용한 매력을 품었습니다. 인구 규모 약 37만 명2024년 기준으로 에스파냐 열 번째 규모의 도시이며, 스페인 북부 바스크 지역을 대표하는 대도시권의 중심 도시입니다.

빌바오는 14세기에 디에고 로페즈 드하로Diego López V de Haro에 의해 창건된 이후, 바스크 지방에서 높은 경제 중심 도시로 성장하며 녹색 스페인

^{Green Spain}의 상업 중심지로서 발돋움하였습니다.

이 도시의 경제는 주로 비스카야 지역에서 생산된 철의 수출에 기반합니다. 이 지역은 오랫동안 철광산의 보고로, 이 원료의 생산은 1526년 이후 법적으로 보호받아 왔습니다. 철 채굴은 빌바오의 주요 경제 활동 중 하나로, 그 생산품은 유럽 전역으로 수출되었습니다. 비록 제철 산업은 크게 번성하지는 못했지만, 20세기까지는 스페인과 유럽의 도시들이 이곳의 철을 수입하였습니다. 제1차 세계대전 이후, 빌바오는 제철 산업의 중심지로 솟아올랐습니다.

19세기와 20세기 초에는 빌바오가 바르셀로나에 이어 스페인에서 두 번째로 산업화된 지역으로 크게 성장했습니다. 이 기간에 빌바오의 인구는 급증하며, 인근 지방자치단체들과의 합병을 촉발시켰습니다. 빌바오는 영사관 시대 이후 바스크 지방의 경제 중심으로 부상하였으며, 1902년에는 알토스 오르노스 드 비스카야^{Altos Hornos de Vizcaya}와 같은 제철소를 비롯한 다수의 기업이 도시에 자리 잡았습니다. 또한, 빌바오의 항구에서는 카스티야 지역의 생산품이 활발하게 교역되었습니다. 스페인 내전^{Spanish Civil War}으로 인해 피폐한 상태에서 1936년부터 1939년 사이, 빌바오는 산업의 발전과 인구의 꾸준한 증가를 거듭하며 1940년대에 재건의 길을 걸었습니다. 이 과정에서 1948년에는 최초의 상용 비행기가 현지 공항에서 이륙하였습니다. 또한, 제철 산업은 부흥을 맞이하였으며, 노동자들의 유입으로 인해 인구가 급증하면서 주택 수요도 높아졌습니다. 그러나 1959년, 빌바오의 테러 조직 ETA가 PNV의 파벌로 혼란을 야기하였습니다.

프랑스 정권의 몰락과 함께 스페인은 입헌 군주제로의 전환을 시작하였고, 빌바오는 민주주의 선거를 치르게 되었습니다. 바스크 지방의 민족주의자들은 힘을 얻었으며, 1979년에는 바스크 지방의 자치 법령이 승인되었습니다. 이로써 빌바오는 더욱 커져 가며 경제적으로 강력한 힘을 누렸습니다. 그러나 1980년대에는 테러, 노동 수요 그리고 해외에서의 저임금 노동력 유입과 같은 여러 요인으로 인해 산업 위기에 직면하게 되었습니다. 그리고 이 극적인 산업 위기 이후, 빌바오는 경제적 기반을 제고하는 데 성공하였습니다. 그 해결책은 이 도시를 성공적인 서비스 중심 도시로 변화시키는 것이었습니다.

빌바오의 전경

빌바오의 경제적 변화와 함께 도시의 건축물도 새로운 모습으로 재탄생하였습니다. 1997년에는 옛 해안 독이었던 곳에 구겐하임 미술관^{Guggenheim}이 들어서며, 2010년에는 옛 와인 창고였던 곳이 아롱디가^{Alhóndiga}로 변화하였습니다. 빌바오 은행은 1857년에 설립되었고, 이후의 합병을 통해 BBVA^{Banco Bilbao Vizcaya Argentaria}를 탄생시키는 데 기여하였습니다. 또한, 세계적으로 알려진 전기 유틸리티 다국적 기업인 Iberdrola는 빌바오에 본사를 두고 스페인 최대의 에너지 그룹 중 하나로 성장하였습니다. 그리고 바스크어로 '이소자키의 문'을 의미하는 이소자키 아테 아$^{Isozaki Atea}$라는 83m의 트윈타워 건물은 빌바오의 스카이라인을 눈에 띄게 바꾸었습니다.

빌바오의 변화는 과거와 현재 그리고 미래를 아우르며 진행되었습니다. 도시의 건축물, 보도교인 수비주리^{Zubizuri}, 라 살베$^{La Salve}$ 등은 이 변화의 상징적인 증거로 남아 있습니다. 그리고 빌바오항은 중요한 역할을 담당하였으며, 현재도 스페인의 최고 상업항 중 하나로 자리 잡았습니다. 빌바오항은 200개 이상의 정기적인 해상 서비스로 전 세계의 500개 이상의 도시와 연결되며, 바스크 지방의 경제를 견인합니다. 이렇게 바스크 지방의 중심 도시로 성장한 빌바오는 미래로의 도전을 기다리며, 변화와 혁신을 위한 무한한 가능성을 안고 있습니다.

빌바오의 정치 체제는 지방자치단체로서, 정부의 시장-의회 형태로 조직되었습니다. 이 도시의 자치구는 다양한 역사와 문화로 둘러싸여 있습니다. 빌바오는 총 8개의 지역으로 구성되며, 각 지구는 다시 35개의 지역으로 더 세분화되었습니다. 첫 번째 자치구는 성 베드로 교회가 자리한 곳으로, 레노 조금 떨어진 곳에 위치한 '데우스토^{Deusto}' 지역이 속합니다. '우발리^{Uribarri}'는 현재 도시화된 지역으로, 현대적인 생활과 전통이 공존합니다. 또한, 옛 화이트 와인의 명산지인 '오차 르 코아가-투르디나가$^{Otxarkoaga-Txurdinaga}$'는 아름다운 자연 경치와 미덕을 자랑합니다. 비스케이의 역사적인 시정촌인 '베호냐^{Begoña}'는 고요한 분위기와 아름다운 성당을 자랑하며, 옛 성벽으로 둘러싸인 지역인 '이바이온도^{Ibaiondo}'에는 빌바오의 오랜 역사와 아름다운 건축물이 자리합니다. 새롭게 탈바꿈한 도시 재생의 중심인 '아반도^{Abando}'는 현대적인 건물과 활기찬 분위기로 가득 차 있으며, '레칼데^{Recalde}'와 '바수르토 졸로자$^{Basurto-Zorroza}$' 지역도 빌바오의 다양한 얼굴을 보여 줍니다. 이 다양한 지역들이 빌바오의 풍요로운 문화와 역사를 대표하며, 도시를 더욱 독특하고 아름다운 곳으로 만듭니다.

빌바오항

바스크의 강한 자치권과 신속한 의사결정

빌바오가 도시의 지속 가능성을 높여 나갈 수 있었던 배경은 바스크 지역의 강력한 자치권을 바탕으로 경제적 위기를 신속하게 대처하고 혁신적인 정책을 적극적으로 실천해 나갔기 때문입니다. 바스크 지역은 스페인 내 모든 지역 중에서 중앙 정부인 마드리드로부터 가장 자유로운 수준의 자치권을 보유하고 있었습니다. 이것은 지역의 의사결정자들이 적절한 시점에 맞는 정책을 개발할 수 있도록 한 핵심적인 배경이었습니다.

1980년대 43만 명 규모의 도시로 성장했을 때 빌바오는 강물의 냄새와 부식된 건물, 오염된 대기로 악명을 떨쳤습니다. 그 당시, 빌바오의 주요 산업인 철강, 기계 공학 및 조선업 등 전통적인 산업 부문은 이미 쇠퇴하고 있었습니다. 스페인의 경기 침체로 국가 전반에 걸쳐 실업률이 20% 이상에 달했던 시기였으나 빌바오는 이보다 더 심각한 수준이었습니다. 특히 50%에 육박하는 청년 실업 문제가 더 큰 어려움을 야기했습니다. 빌바오는 지역 경제를 새롭게 전환하기 위해 노력했으나 2010년대까지 수만 명에 달하는 인구 감소 문제를 겪게 되었습니다.

이에 따라 빌바오는 제조업의 중심이었던 네르비온 강변 지역의 재개발 필요성을 인식하고 피츠버그, 루르 지방, 글래스고, 뉴캐슬, 이베로 아메리카^{Ibero-America} 등 세계의 선진 사례들을 찾아 빌바오의 도시 변화를 실천해 나갔습니다^{찰스 랜드리, 2010}. 여기서 바스크의 강한 자치권은 지방 정부가 지역의 우선순위와 요구 사항을 신속하게 파악하고 조치를 취할 수 있는 기반이 되었습니다. 빌바오의 경제적 부흥은 지방 정부의 책임과 행정 투명성에 강력한 영향을 받았습니다. 바스크 지역 내에서 책임 분배는 세 가지 주요 수준에서 이뤄졌습니다. 지방 정부는 교육, 건강, 경찰과 같은 핵심 분야를 담당했으며, 주 정부는 교통, 문화, 혁신과 연구 및 개발, 경제 촉진, 교육 그리고 중요한 재정 권한을 맡았습니다. 지방자치단체는 도시 계획, 주택 건설과 같이 지역 서비스 제공을 자치적으로 책임지고 있었습니다. 이러한 분권 구조는 빌바오의 정책적 성공에 중요한 역할을 하였습니다. 각 수준의 정부가 자신의 분야에 집중할 수 있었으며, 이로 인해 효율적인 정책 실행이 가능했습니다. 특히 주 정부는 경제 촉진과 혁신에 집중하여 지역 경제의 변화를 주도하였습니다. 그 결과 빌바오는 도시가 위기에 직면했을 때 빠른 의사결정 과정을 통해 구겐하임 미술관과 같은 대규모의 도시 재개발 사업을 주도적으로 추진해 나갈 수 있었습니다. 특히 지속적인 도시 재개발 사업으로만 1995년부터 약 십 년 동안 11만 개 이상의 일자리가 새로 창출되었고, 실업률도 10% 이상 떨어지게 되었습니다. 2000년 약 3만 5천 달러에 달했던 빌바오의 1인당 국내 총생산은 매해 지속적으로 상승하여 2008년 4만 달러를 넘어서게 되었습니다. 2009년부터는 스페인 경기 침체로, 2019년부터는 코로나로 1인당 국내 총생산이 떨어지기도 했지만, 여전히 바르셀로나와 함께 스페인에서 가장 높은 소득 수준을 보이게 되었습니다.

또한, 빌바오의 행정 투명성은 세계적으로 인정받아 다양한 분야에서 수상을 받을 정도로 명성을 얻었습니다. 국제투명성기구에서 평가하는 투명성 부문에서 2000년대에만 두 번의 투명성상을 수상하였습니다. 이와 더불어, 이나키 아주쿠나 우레타Iñaki Azkuna Urreta는 최고의 세계 시장으로 선정되었으며, 그는 빌바오의 행정 미덕을 대표하는 인물 중 하나로 꼽히게 되었습니다. 이러한 행정 투명성과 책임 분배 구조는 빌바오가 경제적으로 부흥할 수 있었던 핵심적인 요인 중 하나로, 다른 도시나 지역에도 귀중한 교훈을 제공하였습니다. 행정 투명성과 정책적 책임 분배는 빌바오의 성공을 이루어 가는 핵심적인 원리 중 하나로 남아 있으며, 거버넌스의 성공적 모델이 되었습니다.

도시전략의 싱킹브레인 '메트로폴리-30'

빌바오의 성공적인 도시 변화는 도시 당국과 민간 부문이 협력하여 문제를 해결하는 모델을 활용한 결과물입니다. 1980년대, 빌바오는 경제적 부흥을 경험하고 도시 전체에 희망과 열정을 되살리기 위한 전략을 모색하였습니다. 이 과정에서 도시는 재개발과 재활성화를 위한 프로젝트를 기획하며, 국가와 다른 도시의 자문을 활용하였습니다.

빌바오의 대규모 프로젝트는 네르비온강 주변의 기존 산업 지역에서 출발하였습니다. 특히, 아반도이바라 Abandoibarra 지역은 이전에 철도, 조선, 스토리지 및 세관 인프라로 사용되던 지역이었으나 새로운 지역으로 재탄생하게 되었습니다. 이러한 변화를 이끈 계획은 1980년대 후반 빌바오와 비즈키아 의회에서 시작되었으며, 도시의 경제적 위치를 다시 조정하기 위한 전략 계획을 세우기 위해 노력하였습니다.

1991년, 도시 전략의 수립을 위해 메트로폴리-30 Bilbao Metropoli 30이라는 단체가 설립되었습니다. 이 단체는 150여 개의 공기업과 민간기업 그리고 900여 명의 각 분야 전문가로 구성되어 '빌바오 도시권의 재활성화를 위한 전략 계획'을 수립하였습니다. 스페인 중앙 정부와 바스크 지방 정부는 1992년에 빌바오 리아 2000 Bilbao Ria 2000이라는 개발 공사를 공동 투자 하여 도시를 물리적으로 재편성할 수 있는 중요한 기관을 만들었습니다 찰스 랜드리, 2010. 이 기관은 기업가 정신을 가진 공익 목적의 기관으로, 공공 공간을 확장하고 삶의 질을 향상시키기 위한 마스터플랜을 제시하였으며, 민간 부문을 통한 수입금을 생성하였습니다. 이 수익금은 다시 공공 공간과 도시 인프라의 향상을 위해 재투자되었습니다. 이로써 빌바오 리아는 자율성을 갖춘 재정을 기반으로 도시의 재개발과 재생을 주도할 수 있었습니다.

아반도이바라

또한, 빌바오는 토지 거래와 구겐하임 미술관 인근의 아반도이바라
Abandoibarra 지역에서 발생한 수익을 활용하여 서던 커넥션, 빌바오 라 비
에하, 바라칼도와 같은 대규모 도시 사업에 투자하였습니다. 이러한 프
로젝트들은 과거의 항구 및 공업 지역이었던 아반도이바라를 빌바오의
중심지로 변화시키며 도시의 상징적인 지역으로 재탄생시켰습니다^{찰스 랜}
^{드리, 2010}. 아메졸라는 상품을 운반하던 기차역에서 세련된 공원이 들어선
주택가로, 빌바오 라 비에하는 낙후된 구시가지에서 혁신적인 신시가지
로 변화되었습니다. 이에 그치지 않고, 기존의 중앙 아반도 지역에서도
프로젝트를 진행하였습니다. 게다가 두 번째 도시 혁명^{second urban revolution}
으로 간주되는 조로자우레^{Zorrozaurre} 반도의 자하 하디드 프로젝트가 새롭
게 진행되었습니다. 이러한 프로젝트는 빌바오의 도시 재생과 재생산의
놀라운 사례로 평가받고 있으며, 도시가 재생 가능성을 가지고 있다는
모범 사례를 제시합니다.

빌바오는 도시 재생과 지역 사회 지원을 결합한 효과적인 전략을 통해 지역 경제와 사회의 발전을 이룩한 모범 사례 중 하나로 평가됩니다. 이러한 성공의 주요 인자 중 하나는 빌바오 도시재생협회[SURBISA]와 에킨차[Ekintza]와 같은 단체와 프로그램의 역할입니다. SURBISA는 1985년에 홍수로 손상된 옛 도시 부분을 복원하기 위해 출발했으며, 이 초기 재생 프로젝트는 도시의 역사적, 문화적 유산을 보존하고 지역의 빈곤 상태를 개선하는 데 일조했습니다. 또한 도시 펀딩을 통해 1994년부터 1999년까지는 바라칼도[Barakaldo]의 경제적 어려움을 완화하는 데 기여하였습니다. 이러한 초기 재생 프로젝트들은 지역 사회를 강화하고 경제적 불평등을 줄이는 데 성공적으로 기여하였습니다.

1998년에 빌바오 시의회에 의해 설립된 단체인 에킨차는 노동 시장의 변화로 인해 취약한 노동자와 일자리 부족을 해결하고 기술 불일치를 극복하는 데 초점을 맞추었습니다. 기술 개발과 직접 훈련, 창업 지원과 일자리 창출 등을 위해 Bilbao Metrópoli-30과 협력해 다양한 서비스를 제공하였습니다. 그 결과, 에킨차는 평균적으로 2천 개 이상의 일자리를 중개하고, 연간 100여 개의 창업 기업을 지원하며 성공적인 경제 통합을 이끌었습니다. 신규 일자리와 창업을 지원하면서 빌바오의 인구 감소율은 다른 지역에 비해 전체적으로 둔화되었고, 도시는 젊은 층의 실업률 감소 및 다양한 창업이 이루어지면서 창조적 풍토와 사회적 안정을 함께 이루어 갈 수 있었습니다.

TIP 빌바오의 도시 안전

빌바오는 수십 년 동안 범죄율을 줄이기 위해 다양한 방면에서 노력해 왔습니다. 지역 사회를 중심으로 치안 전략을 구현하고 법 집행 기관과 지역 사회 간의 협력을 촉진하여 안전 문제를 해결하였습니다.

자연 감시, 영토 강화 및 접근 통제와 같은 환경 설계를 통해 범죄를 예방 CPTED하기 위한 도시 공간을 설계하였습니다. 도시의 낡은 지역을 재개발하여 창조적 공간으로 변화시켜 주민들의 활동 무대로 바꾸었고, 시민들과 함께 공존하기 위해 개방적인 풍토를 만들었습니다. 더 안전하고 포용적인 사회를 만들기 위해 빈곤, 실업, 교육 부족 등 범죄의 근본 원인을 해결하기 위한 사회적 이니셔티브 및 프로그램을 구현하였습니다.

특히, 잠재적인 안전 위협을 모니터링하고 대응하기 위해 CCTV 카메라, 스마트 센서, 데이터 분석 등 고급 감시 기술을 사용하였습니다. 조명이 밝은 공공장소, 명확한 시야, 범죄 활동을 억제하기 위한 접근 가능한 통로 등 안전 기능을 우선시하는 도시를 계획하였습니다. 경찰, 소방, 의료 서비스를 포함한 효과적인 비상 대응 시스템을 구축하여 비상사태 및 예상치 못한 사건을 신속하고 효율적으로 처리하였습니다. 더불어 범죄 예방을 위해 경찰력을 효과적으로 운영하면서 방문객과 시민들에게 안전한 환경을 제공하여 안전한 도시를 만들어 가고 있습니다.

도시문화유산과 빌바오 양식

빌바오는 오랜 도시의 문화유산을 갖추고 보존하고 재생하여 그 가치를 높였을 뿐만 아니라 국제적 수준의 박물관과 콘서트홀을 유치하고 건설하여 문화적 기반을 마련하였습니다. 빌바오는 고전 건축에서부터 구겐하임 미술관, 아반도이 바라 해안 산책로 그리고 빌바오 지하철까지 도시문화유산 재생 사업에 성공하였습니다. 이로써 빌바오는 다양한 문화 지역의 보존과 증진을 위한 세계적

구시가지인 카스코비에호

인 기준점이 되었습니다. 현재, 빌바오는 예술과 문화유산을 창조하고 보급하는 데 초점을 맞추고, 이를 통해 도시를 역사와 예술의 오아시스로 조성해 나가고 있습니다.

빌바오의 오랜 문화유산은 올드타운 지역, 즉 론다 거리가 위치한 벽으로 둘러싸인 소메라Somera, 아르테칼레Artecalle, 텐드리아Tenderia 세 거리에 주로 보존되었습니다. 이러한 유산의 가치를 인정하고, 이 지역은 보행자 중심 구역으로 지정되어 보존에 신경을 써 오고 있습니다. 세인트 제임스 성당, 산 안톤 교회 그리고 비스케이 지역에서 가장 중요한 신전인 베고 대성당 등과 같은 오랜 건축물은 빌바오의 과거와 현재를 연결하는 역할을 합니다. 이들 건물을 중심으로 주변 지역은 고유한 역사와 문화적 특성을 유지하며 빌바오 시민들과 방문객들에게 고요한 아름다움을 제공합니다.

빌바오는 문화와 예술 분야에서 놀라운 '빌바오 양식'을 선보이는데, 이는 18세기 후반과 19세기에 활동한 장인들이 공들여 만든 예술 양식입니다. 이 양식은 금을 입힌 다양한 색조의 나무나 대리석 석판을 특징으로 하며, 유럽에서 큰 인기를 얻었습니다. 현재까지도 이 전통 산업은 빌바오의 대표적인 산업 분야 중 하나로 자리 잡았습니다. 이처럼 빌바

오는 역사와 예술의 보물을 갖고 있으며, 이를 보존하고 발전시키는 노력을 기울입니다. 도시는 예술과 문화의 중심지로 거듭나고, 이를 통해 더 많은 사람들에게 문화와 예술을 제공하며 도시의 아름다움을 계속해서 세계에 알리는 중입니다.

구겐하임 미술관 유치와 빌바오 효과

빌바오는 1990년대 탈산업화 과정이 시작되면서 세계적으로 유명한 건축가와 예술가의 창의성을 결합하여 도시의 모습을 현대적으로 재탄생시킵니다. 이러한 변화의 주요 사례 중에는 프랭크 게리Frank Gehry가 디자인한 구겐하임 미술관과 에우스칼두나 궁전The Euskalduna Conference Centre and Concert Hall, 아롱디하 빌바오Alhóndiga Bilbao 등이 있습니다.

구겐하임 미술관은 1997년 개관한 프랭크 게리의 걸작으로, 네르비온 강을 따라 위치한 이 건축물은 노키아Nokia 휴대폰처럼 변형되는 곡선과 각도를 가지며, 더 나아가 도시와 조화롭게 어우러집니다. 미술관은 강가에서 보면 특히 독특한 아름다움을 드러내며, 24,000㎡의 건축 면적을 지닙니다. 뉴욕과 베니스의 구겐하임 미술관을 능가하는 11,000㎡의 전시 공간을 보유하며, 개관 이후 매년 수백만 관광객이 방문하였고 도시의 경제적 효과는 무려 5억 유로에 달했습니다. 이러한 성공적인 문화 프로젝트로 빌바오는 일자리 창출과 관광 산업을 통해 경제 활성화를 이루어 냈습니다.

구겐하임 미술관

2012년에 발표된 미술관의 경제적, 환경적 성과 보고서에 따르면, 빌바오의 미술관은 도시와 지역 경제에 큰 기여를 합니다. 미술관의 활동으로 2012년에 생성된 총 수요는 바스크 지역의 국내 총생산GDP의 약 0.44%에 달했으며, 신규 일자리는 약 6만 개를 창출하였습니다.

이러한 성과를 통해 빌바오는 1980년대에 실업률이 높았던 어려운 시기를 극복하면서, 문화 산업을 통해 경제를 부흥시키는 계획을 성공적으로 실행한 뛰어난 사례입니다. 구겐하임 미술관의 유치를 통해 빌바오는 인구 40만 명 미만의 작은 도시임에도 불구하고 매년 수백만 명의 관광객을 끌어들이며, 경제적으로도 큰 영향을 미치고 있습니다. 이러한 성과는 '구겐하임 효과' 또는 '빌바오 효과Bilbao effect'라고 불리며, 문화와 예술을 통해 도시 경제의 성장과 변화를 이루어 내는 저력이 되었습니다.

주민 중심의 도시 재생 철학

　빌바오의 주민 중심의 도시 철학은 도시 재생에서도 강력히 구현되었습니다. 1983년 대홍수로 인해 황폐화된 도심을 복원하는 과정에서부터 주민들의 보행로 확보가 기준이 되었습니다. 이러한 변화는 전통적인 차량 중심의 구도심을 탈피하고, 보행로 중심의 도시 환경으로 새롭게 변화시켰습니다. 또한, 노령층과 장애인의 이동권을 향상시키기 위한 시설 등을 확충하면서 도시 공간에 생기와 활기를 불어넣었습니다. 이는 도시 전체의 이동성과 편의성을 향상시키며 시민들의 정주 여건을 높였습니다.

　빌바오는 도시를 가로지르는 보행, 자동차 다리를 건설하면서 도시 공간의 단절을 해소하고, 트램과 지하철을 도입함으로써 교통 체계에 혁신을 가져왔습니다. 더불어 네오비온 강변을 따라 다양한 공공 공간을 조성하여 시민들의 산책 공간으로서 기능할 뿐만 아니라 관광객이 찾는 명소로 활용되면서 문화 관광 도시로서 매력을 더하게 되었습니다.

에우스칼두나 The Euskalduna

특히, 1994년에 건설이 시작된 에우스칼두나 컨퍼런스 센터와 콘서트 홀^{The Euskalduna Conference Centre and Concert Hall}은 과거 강어귀에 위치한 에우스칼두나 조선소를 탈바꿈한 도시 재생의 대표적인 사례로서, 도시의 모습을 변화시켰습니다.

1999년 완공되어 컨퍼런스 센터, 오페라 하우스 그리고 콘서트홀 등 다양한 용도로 사용되는 이 건축물은 도시에 근본적인 변화를 가져다주었습니다. 이 프로젝트는 2001년 제6회 스페인 건축 비엔날레에서 엔리크 미라예스^{Enric MIRALLES}상을 수상하였습니다. 더불어 2003년 국제회의 궁전 협회^{International Congress Palace Association}에서 세계 최고의 의회 센터로 선언되었습니다. 이곳은 ABAO^{Asociación Bilbaina de Amigos de la Ópera}와 빌바오 심포니 오케스트라와 같은 예술 단체에 의해 오페라 공연도 제공되는 공간으로, 문화와 예술의 중심으로 자리 잡았습니다.

다른 빌바오의 도시 재생 사례 중 하나는 아롱디하 빌바오^{Alhóndiga Bilbao}로, 이 복합문화레저 센터는 과거 와인 창고로 사용되던 건물이었습니다. 그러나 1909년에 지어진 건물은 새로운 창고가 건설되면서 기능을 상실하였고, 여러 해 동안 방치되었습니다. 그러나 빌바오는 이 건물을 문화적으로 중요한 자산으로 선언하고 2010년에는 프랑스 디자이너 필립 스탁^{Philippe Starck}을 고용하여 개보수 작업을 진행했습니다. 건물의 외관은 보존하면서 내부는 멀티플렉스 극장, 피트니스 센터, 도서관, 레스토랑 등 다양한 용도로 개조되었습니다.

이러한 사례들을 통해 빌바오는 과거와 현재를 잇는 도시 재생 프로젝트의 성공을 증명하고 있으며, 문화와 미래에 대한 투자의 중요성을 보여 줍니다. 이러한 노력은 빌바오의 경제와 문화적 발전에 긍정적인 영향을 미치고 있으며, 더 나아가 도시의 명성을 국제적으로 증명하는 중요한 요소가 됩니다.

아롱디하 빌바오^{Alhóndiga Bilbao}

첨단 산업 클러스터를 통한 창조 산업 기반 조성

빌바오는 지속적인 성장을 위해 창조 산업의 기반을 조성한 도시 중 하나로 꼽힙니다. 이러한 노력을 통해 지역 경제를 재활성화하고 도시 경제를 견고하게 유지하는 데 성공했습니다. 특히 자문디오 지역에 조성된 약 200만㎡ 규모의 첨단 산업단지는 신성장 동력을 확보하고 발전의 발판을 마련했습니다.

자문디오 산업단지에는 유럽을 대표하는 에릭슨, 지멘스, 보다폰과 같은 기업들이 들어와 연구소와 자회사를 설립하였습니다. 초창기 50여 개에 불과했던 기업은 2010년대 이후 수백여 개로 증가하였고, 고용 인원도 1만 명을 넘어섰습니다. 자문디오의 성공으로 인해 인근 지역인 기푸스코아와 알라바 등 바스크 지역 내에도 첨단 산업단지가 속속 조성되어 그 결과 3만 5천 명 이상의 고용이 창출되었습니다.

산업단지 내 기업들은 다양한 클러스터를 형성하여 정보와 기술 교류를 촉진하고 창의적인 실험의 장을 만들어 나갑니다. 이러한 변화를 통해 빌바오는 경제 위기를 극복하고 바스크 지역은 스페인과 유럽에서 가장 경쟁력 있고 혁신적인 경제 지역 중 하나로 성장하였습니다. 바스크 지역은 스페인의 1인당 GDP에서 자치주 중 두 번째로 높은 수준을 유지하며, GDP는 성장하고 지역 개발 수준은 선진국과 유사하다고 평가됩니다.

지식과 경제의 결합은 빌바오의 경제 성장 모델입니다. 도시는 비즈카야[Bizkaia] 과학기술공원과 같은 연구 시설을 두고 혁신적인 비즈니스 활동에 집중 투자 하여 도시의 기술적 역량을 강화하였습니다. 첨단 산업의 발전을 위해 기술 단지와 인큐베이터를 조성하여 신생 기업의 성장과 혁신을 지원하였습니다. 물론 그 중심에는 빌바오 혁신공장[BIF]을 두었습니다. 빌바오 혁신공장은 스타트업을 위한 창작자들에게 협업 공간을 제공하면서 기술 혁신과 신규 디자인 창출 등을 촉진하였습니다.

빌바오 대도시권[Metropolitan Bilbao]은 BBVA, 이베르드롤라[IBERDROLA], 가메사[GAMESA], 세네르[SENER], IDOM, ITP, 아르테체 그룹[Arteche Group] 등과 같은 세계적인 기업들이 입지하고 있는 중요한 비즈니스 중심지입니다. 이러한 기업들은 지식과 혁신의 중요성을 인식하고, 이 가치들을 지역 경제에 기여하는 방식으로 활용합니다.

빌바오의 경제 모델은 지식, 혁신 및 창조성을 중심으로 조성되었습니다. 도시는 기존 지역 기반의 기업들을 강화하는 데 중점을 두고 있으며, 동시에 새로운 분야인 금융 서비스, 유통 및 소매업, ICT, 건강 기술, 재생 에너지 및 에너지 효율, 바이오 기술, 예술, 디자인과 같은 고부가 가치의 분야로 투자를 유치합니다. 빌바오의 도시 산업 서비스는 지역 GDP의 25.9%를 창출하는 등 부가가치 비중이 높아 유럽에서도 중요한 역할을 합니다. 또한, 금융 활동의 중요한 중심지로도 자리를 맡고 있으며, 쇼핑 중심지로도 각광받습니다. 국제적인 브랜드 상품이 이 지역에서 제공되고 있으며, 빌바오는 관광객들로부터 꾸준한 인기를 얻고 있습니다.

빌바오의 혁신적인 성장은 지식과 기술을 활용하여 경제를 부흥시키는 좋은 예입니다. 이러한 성장의 모습으로 인해 도시가 미래에 대한 비전을 가지고 있으며, 혁신을 통해 지역 경제를 강화하고 발전시키고자 하고 있음을 알 수 있습니다.

창의적 인재교육 시스템 구축

빌바오는 독특한 교육 시스템을 통해 바스크의 전통을 존중하면서 국제적인 관점을 포용합니다. 이 도시는 4개의 언어 모델 중 2개 국어의 교육 시스템을 가지고 있는데, 이것은 지역성과 다양성을 동시에 강조하는 중요한 특징입니다.

빌바오의 초등학교에서는 바스크어와 스페인어 교육이 널리 행해지고 있으며, 대학 수준에서는 학생들이 수단 언어로 스페인어를 사용하고 과목 언어로 바스크어를 학습합니다. 또한, 영어는 빌바오의 학생들에게 매우 중요한 언어로, 대학 진학 전에 97%가 영어를 배우는 것으로 나타났습니다. 이러한 다중 언어 교육은 학생들이 국가 및 국제사회에서 역할을 수행하는 데 필수적인 기반을 마련합니다.

데우스토 대학University of Deusto

빌바오의 고등 교육 시스템은 여러 대학을 중심으로 구성되었습니다. 데우스토 대학University of Deusto과 바스크대학University of the Basque Country 등 다양한 대학이 다양한 분야에서 교육을 제공하고 있으며, 도시에는 몬드라곤대학University of Mondragón34)의 빌바오 혁신 공장과 기업가 센터인 빌라오혁신공장Bilbao Innovation Factory도 위치합니다.

빌바오의 공립대학교는 73개 이상의 학위와 100개 이상의 대학원 과

---

34) 몬드라곤(Mondragon·용의 산)은 빌바오에서 프랑스 국경으로 50㎞ 정도 거리에 떨어진 작은 마을 이름이다. 이곳은 스페인 바스크 지역을 기반으로 한 스페인 최대 노동자 협동조합인 몬드라곤협동조합그룹(Mondragon Cooperative Corporation·MCC)의 근거지다. 257개 기업과 조합에서 7만 4,000여 명의 조합원이 근무하는 연합체다. 스페인 내전으로 상황이 좋지 않았던 당시 호세 마리아 아리스멘디아리에타(Jose Maria Arizmendiarrieta) 신부가 이곳에 부임하여 기술학교를 설립하고 사회적 유대와 휴머니즘의 가치를 가르치며, 1956년 최초의 석유난로 노동자 협동조합 울고르(ULGOR)를 설립하면서 출발하였다. 제조업에서 시작해 은행, 경영 컨설팅, 교육, 사회보장 시스템, 유통 등으로 확대되었다. 제조업(87개), 금융(1개), 소비자(1개), 농업(4개), 교육(8개), 연구(12개), 서비스(7개) 부문의 120개 협동조합이다. 이 중 가장 중심이 되는 협동조합은 유통 협동조합 '에로스키'로 고용의 절반 정도를 차지하고 있다. 지속적인 성장을 위해 기술연구소 '이켈란'과 교육기관인 '몬드라곤 대학'이 있으며 정부의 도움 없이 자립적으로 운영된다. 경제 위기에서 스페인의 26%의 기업이 도산할 때 조합의 기업은 2개가 도산하였고, 인력을 재배치하며, 5일 근무를 4일 근무로 줄여 고통을 분담하였다. (「이해준 희망가족 여행기〈23〉 대안적 자본주의 모델, 몬드라곤 협동조합…스페인 몬드라곤」, 《해럴드경제》, 2012.10.19., 「[신(新)협동조합 시대] 세계 최대 조합 스페인 몬드라곤…7만4000명 조합원에 자산 40조…생산·투자·교육 자립 생태계 구축」, 《한국경제》, 2015.08.18., 필자 재구성)

정을 제공하고 있으며, 이 도시의 인구 중 46%가 대학 학위를 보유했습니다. 이는 스페인 평균[34.7%]을 상회하는 수치로, 빌바오가 교육에 대한 열정을 가지고 있다는 것을 보여 줍니다. 또한, 연구와 산업 간의 협력이 강화되어 연구자들이 기업과 연계하여 혁신을 추구하고 있으며, 연구원 수가 상당히 증가하는 중입니다.

빌바오의 교육 체계는 전통과 현대성, 지역성과 국제화를 조화롭게 결합하여 학생들과 도시가 국제 사회에서 미래에 건설적 역할을 수행할 수 있도록 기반을 제공합니다.

주민 중심의 스마트 도시 전략

스페인 바스크 지방의 도시 빌바오는 주민 삶의 질 향상, 지속 가능성 제고, 경제 성장 촉진을 위해 통합 이동성, 에너지 효율성, 데이터 관리 및 디지털 서비스, 지속 가능성 등에 중점을 두고 스마트 시티 전략을 적극적으로 추진해 왔습니다. 무엇보다 주민 중심, 즉 인간 중심의 도시 철학을 강조하며 보행자를 우선시하고 친환경적인 스마트 도시 구축의 새로운 모델을 제시하였습니다. 빌바오는 정확한 정보에 입각한 결정을 내리기 위해 데이터를 수집하고 분석하는 데 중점을 두었습니다. 그 중심에 데이터 기반 혁신의 허브인 빌바오 도시 혁신 및 분석 연구소[Bilbao Ekintza Lab]가 있습니다. 도시는 이 연구소와 협력하여 도시 곳곳에 설치된 사물인터넷[IoT]을 활용해 서로 다른 유틸리티를 연결하고 데이터를 공유하여 일상에서 유발되는 교통, 에너지, 안전 등의 문제를 해결해 나갔습니다.

빌바오는 파리의 '15분 도시', 네옴시티의 '10분 도시'와 같이 교통 혼잡을 줄이고 대중교통을 개선하기 위해 스마트 교통 시스템을 구축하였습니다. 빌바오 광역교통컨소시엄을 통해 시민들의 버스, 트램, 자전거 등 다양한 교통수단을 카드 하나로 통합하였고, 모바일 앱을 통해 실시간 추적 및 결제 옵션을 제공하여 출퇴근 시간 교통의 효율성과 편의성을 높였습니다.

도시는 에너지 소비를 줄이고 재생 가능 에너지 사용을 늘리기 위해 노력합니다. 이를 위해 스마트 그리드smart grid 기술을 활용한 지능형 전력망 시스템도 구축하였습니다. 관련 정보를 실시간으로 제공하여 스스로 전력 사용량을 수시로 모니터링할 수 있도록 지원하였습니다. 기본적으로 LED 기술로 가로등을 업그레이드하고 공공건물에 에너지 효율적인 시스템을 구현했습니다. 시민들이 태양광 패널과 같은 재생 가능 에너지 지원을 채택하도록 장려하고 에너지 효율적인 주택 개조에 대한 인센티브를 제공하는 우달레네르기아Udalenergia 계획도 추진하였습니다. 여기에 효율적인 폐기물 처리와 신재생 에너지 사용 등 환경에 미치는 영향을 줄이기 위해 빌바오 비즈카이아 하로비아Bilbao Bizkaia Harrobia 프로젝트도 추진하였습니다. 폐기물 감소와 재활용을 장려하고 있으며, 시에서는 친환경 교통 옵션을 장려하기 위해 자전거 공유 프로그램을 시행했습니다. 탄소 중립 도시로의 전환을 위해 칼라사타마 발전소를 폐쇄하였고, 이를 대체할 재생 에너지 시스템도 구축하였습니다.

빌바오는 시민 참여를 강화하기 위해 디지털 플랫폼과 '빌바오 클릭' 앱을 출시해 운영하였습니다. 도시 이슈, 대중교통 정보 접근, 문화 행사 서비스를 제공하고 소셜 미디어를 활용하여 주민들과의 소통 창구를 운영하였습니다. 공공기관과 기업도 함께 협력하여 스마트 도시 솔루션을 개발하고 상용화해 나가며, 도시의 서비스 및 제품들을 시연할 수 있도록 테스트 베드를 제공하였습니다. 글로벌 스마트 그리드 혁신 허브[Global Smart Grids Innovation Hub]의 컨퍼런스를 개최하며 스마트 그리드 및 재생 에너지와 관련된 직업의 전문화를 통해 젊은 세대의 미래 고용을 위한 기회를 제공하였습니다. 스마트하고 지속 가능한 도시 지역으로의 전환을 위해 조로자우레 반도[Zorrozaurre Peninsula] 일대에 공공 공간 및 지속 가능한 개발을 추진하였습니다. 특히, 도시 재생의 랜드마크인 구겐하임 미술관 일대는 문화와 기술을 융합한 스마트 허브로 조성하였습니다.

이러한 노력을 통해 스마트 그리드의 기반이 될 첨단 기술을 확립하고 쾌적하고 안전한 도시를 건설하여 시민들 삶의 질을 높이며, 스마트 도시의 리더로 바르셀로나와 함께 해외 시장을 선도해 나가게 될 것으로 보입니다.

BBK 라이브 페스티벌과 아틀레틱 빌바오

빌바오는 다양한 문화 행사와 스포츠 이벤트를 통해 도시의 활력을 고취시키며, 도시민들의 문화적 욕구를 충족시킵니다. 공공 및 민간 부문의 다양한 조직들은 도시 내에서 문화 활동의 다양성을 지원하고, 빌바오의 독특한 문화를 발전시키기 위해 노력합니다. 시립 도서관부터 오페라 공연, 락 페스티벌까지, 빌바오는 모든 종류의 문화적 표현을 환영하고, 이를 통해 도시의 인구가 참여하고 공유할 수 있는 공간을 제공합니다. 빌바오는 지역 문화유산을 자랑스럽게 여기며 이를 보존하고 도시 내에서 빛나게 하기 위해 끊임없이 노력해 왔습니다.

세마나 그란데^{Semana Grande}

세마나 그란데^{Semana Grande}는 빌바오에서 매년 개최되는 주요 축제로, 많은 사람들이 참가하는 대규모 행사입니다. 1978년부터 시작하여 매년 8월 셋째 주 토요일부터 9일 동안 진행되며, 스페인 내외에서 수많은 방문객이 이 축제에 참여합니다. 이 축제는 다양한 활동을 포함하며 게임, 음악 공연, 거리 예술, 투우 그리고 야간 불꽃놀이 등이 진행됩니다.

또한, 빌바오는 스페인의 부활절 기간 중 BASQUE FEST와 같은 다양한 문화 축제를 개최하여 도시를 세계에 알리고 있습니다. 이 축제는 콘서트, 바스크 전통 스포츠 경기, 바스크 전통 음식 시식 등을 통해 바스크 문화를 보여 주며, 지역 경제에도 긍정적인 영향을 미칩니다.

빌바오는 BBK 라이브 페스티벌^{BBK Live Festival}과 같은 대형 음악 행사로

도 유명하며, 이러한 축제는 빌바오의 관광 산업과 경제에 상당한 이익을 제공하였습니다. 아틀레틱 빌바오 축구 클럽은 또한 도시에서 큰 인기를 끌며, 산마메스 경기장에서 경기를 열고 있습니다.

이러한 스포츠 행사와 문화 이벤트는 빌바오의 활력을 끌어올리고 도시 경제에 긍정적인 영향을 미치고 있으며, 빌바오를 더욱 매력적인 명소로 만들어 갑니다.

결론: 빌바오의 지속 가능성 평가

빌바오는 경제적 위기를 빠르게 인식하고 문제를 해결하고자 하였습니다. 시 당국과 민간이 협력을 이루어 정책을 펼쳐 나갔으며, 도시 재개발 및 재활성화 사업이 실행되었습니다. 좀 더 구체적으로는 구겐하임 미술관 등 문화 시설 유치, 도시의 풍부한 전통 문화유산의 보존, 일자리 제공과 창업을 지원하는 사회 프로그램 진행, 지역 축제 및 문화예술 공연의 확대 등을 통해 도시의 미래를 준비하였습니다. 지속 가능한 도시의 모델로서 빌바오가 선도적 위치에 설 수 있었던 배경과 전략을 정리해 보면 다음과 같습니다.

첫째, 빌바오는 바스크 지역의 강력한 자치권을 바탕으로 도시 경제 위기 상황에서 적극적으로 정책을 추진하고 민관 협력을 이끌면서 도시의 지속 가능성을 높여 나갔습니다. 특히, 공공기관과 민간 부문, 대학 및 문화기관 그리고 시민들이 함께하는 협동을 기반으로 한 보텀 업

^{bottom-up} 방식으로 도시를 성공적으로 재건해 나갈 수 있었습니다. 그 주축으로 민관 협력 단체인 '메트로폴리-30^{Bilbao Metropoli 30}'와 도시 재편성의 핵심 기관인 '빌바오 리아 2000^{Bilbao Ria 2000}'는 도시의 재개발과 재활성화를 통해 창조적 공간을 형성해 나가면서 도시에 활력을 불어넣었습니다. 또한, 사회적 소외 계층을 위한 사회 프로그램을 운영하고, 몬드라곤 협동조합을 통해 고용을 유지하고 협력적 노사 관계를 구축하였습니다. 그리고 도시의 청년 실업을 줄이기 위해서 일자리를 조성하고, 창업을 지원하는 정책을 실천하였습니다. 더불어 몬드라곤이라는 협동조합에 근무하는 사람들이 늘면서 노동 시장은 안정화되었고, 스페인 경제 위기를 유연하게 대처해 나가며 지속 가능한 도시 계획을 이끌었습니다.

둘째, 도시의 오랜 건축과 거리 등의 문화유산을 보존하고 재생하여 그 가치를 높였고, 국제적인 수준의 박물관과 콘서트홀을 유치하면서 문화적 기반을 마련하였습니다. 옛 문화유산인 론다 거리의 보존, 장인들을 기반으로 한 빌바오 양식의 탄생 그리고 구겐하임 미술관과 콘서트홀인 에우스칼두나 궁전^{The Euskalduna Conference Centre and Concert Hall}, 아롱디하 빌바오^{Alhóndiga Bilbao} 등 문화예술의 창조 공간이 조성되었습니다. 또한, 구겐하임 미술관 유치로 인해 지역 경제가 활성화되는 '빌바오 효과'의 탄생이 있었습니다. 미술관이 개관하면서 연간 400만 명의 관광객들이 방문하였고, 이로 인해 호텔, 레스토랑, 상점, 운송 수단 등 다양한 분야의 성장도 함께 이루어질 수 있었습니다.

셋째, 빌바오는 첨단 산업단지 유치를 통해 창조 산업 기반을 조성하고 클러스터를 형성해 정보와 기술 교류를 촉진해 나가면서 도시 경제 기반을 마련하였습니다. 자문디오 지역에 조성된 약 200만㎡ 규모의 첨단 산업단지로 인해 도시의 신성장 동력을 확보하고 발전의 발판을 마련할 수 있었습니다. 산업단지 내 기업들은 클러스터를 형성하여 정보와 기술 교류를 촉진하고, 이를 통해 빌바오는 경제 위기를 극복하고 경쟁력을 높여 나갔습니다. 특히, 빌바오 혁신 공장은 스타트업을 위한 협업 공간을 제공하고 다양한 분야의 혁신을 촉진하였습니다. 도시는 지식, 혁신, 창조성을 중심으로 한 경제 모델을 채택하며 기존 기업 강화와 함께 금융, 유통, ICT, 건강 기술, 재생 에너지 등 고부가가치 분야로의 투자를 유치하였습니다. 빌바오는 미래에 대한 비전과 지속적인 혁신을 통해 경제를 부흥시키고, 독특한 경제 모델을 바탕으로 성공적인 성장을 이루었습니다.

넷째, 빌바오는 스마트 시티 전략을 통해 주민 삶의 질, 지속 가능성, 경제 성장을 강화해 나갈 수 있었습니다. 주민 중심의 도시 철학을 기반으로 보행자를 우선시하며 데이터 중심 혁신을 추진하였습니다. 도시는 도시 혁신 및 분석 연구소를 중심으로 사물인터넷을 활용해 교통, 에너지, 안전 문제를 해결하였습니다. 스마트 교통 시스템을 도입하여 교통 체증 완화와 대중교통 개선을 이루어 내었고, 지능형 전력망 시스템으로 에너지 효율성을 높였습니다. 환경에 미치는 영향을 줄이기 위해 재생 가능 에너지와 폐기물 처리 프로젝트를 추진하였고, 시민 참여를 촉진하기 위한 디지털 플랫폼과 앱을 운영하였습니다. 또한, 도시 재생과 문화 기술 융합으로 스마트 허브를 조성하며 글로벌 스마트 그리드 혁신 허브를 개최하여 미래 고용 기회를 제공하였습니다. 이러한 노력을 통해 빌바오는 도시 문제를 사전에 발견하고 신속하게 해결해 나가면서 지속 가능성을 높여 나갈 수 있었습니다.

다섯째, 연중 다양한 문화 공연과 함께 세마나 그란데[Semana Grande], 바스크 페스트[BASQUE FEST], BBK 라이브 페스티벌[BBK Live Festival] 등의 축제와 다양한 스포츠 행사를 개최하면서 도시의 활력을 높여 갈 수 있었습니다. 피에스타를 중심으로 다양한 축제를 개최하고, 수준 높은 문화예술 공연을 진행해 도시민의 문화적 수준을 높이며, 방문객들을 자극할 수 있었습니다. 이를 통해 방문자들에게 인터렉티브한 프로그램을 통해 다양한 경험 및 만족감을 선사함으로써 지속 가능한 관광을 이끌어 낼 수 있었습니다.

한편, 빌바오의 문화 주도형 도시 재생[Cultural-led Urban regeneration], 즉 '빌바오 효과'에 대한 비판적 견해도 있습니다. 『더 월 스트리트 저널[2008. 11. 22.]』은 빌바오 효과에 대해 "구겐하임의 이미지와 대중이 오히려 더 드물게 드러나는 건축 디자인의 상징적인 화학적 반응[for the iconic chemistry between the design of building, its image and the public turns out to be rather rare]"이라고 하며, 빌바오 불합리[Bilbao anomaly]라고 불러야 한다고 주장하기도 하였습니다.[35] 도시의 전통이나 고유한 문화를 보존하고 유지하면서 새로운 건축 경관이 함께 균형을 맞춰 가야 하지만 빌바오는 대규모 개발로 인해 점차 창의성을 상실하고 균질화되어 간다는 뜻입니다. 더불어 재개발로 인한 임대료 상승과 젠트리피케이션의 폐해도 야기됩니다. 지나치게 문화가 경제 발전의 수단으로 활용되면서 예술에 대한 본질적 가치가 훼손되고, 관광에 대한 지나친 의존도가 잠재적으로 문화와 경제 모두를 취약하게 만들 수 있습

---

35) "When Buildings Try Too Hard", Wall Street Journal, 2008.11.22.

니다. 코로나 시기 관광 산업의 침체는 도시 경제의 직격탄이 되었습니다. 문화예술에 대한 지나친 투자로 다른 사회 기반 시설에 대한 투자가 빈약했기 때문입니다.

따라서 도시의 지속 가능성을 확보해 나가기 위해서는 현재에 대한 혁신과 함께 미래에 대한 지속성이 함께 고려되어야 합니다. 특히 문화 주도형 도시 재생은 시민사회의 협력적 토대를 기반으로 문화예술은 물론 사회, 경제, 교육 등 지역 사회 전반적인 요인들을 함께 고려해야 합니다.

4부

독일 엠셔파크

📍 도시 개관

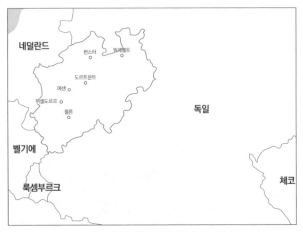

노르트라인 베스트팔렌주의 위치

노르트라인-베스트팔렌주^Nordrhein-Westfalen^는 독일 북서쪽에 자리한 주로, 1946년 북부 라인란트와 베스트팔렌이 합병하여 형성된 지역입니다. 주도인 뒤셀도르프를 중심으로 쾰른, 도르트문트, 에센, 뒤스부르크 등 독일 산업의 근간인 도시가 자리 잡고 있으며 흔히, 루르 지역^Ruhr area36)^이라 부릅니다.

주는 5개의 정부 지역^Regierungsbezirke^으로 나누어지며, 31개의 지구^Kreise^와

---

36) 프랑스의 작곡가 모리스 라벨(1857~1937)은 '산업화의 꽃'이었던 독일 루르 지방에 대해 이같이 경탄했다. "진창 같은 하루를 마치고, 특징 없는 황량한 얕은 기슭 사이 꽤 넓은 강가 위에 서 있는 굴뚝과 둥근 지붕을 통해 붉거나 푸른 불꽃과 화염을 뿜어내고 있는 도시를 발견한다. (중략) 액체 상태의 놋쇠로 만들어진 이 성을, 이 불타오르는 대사원을, 전도열과 째질 듯한 높은 굉음 그리고 엄청난 망치질에 의한 이 놀라울 만한 심포니를, 우리를 에워싸고 있는 이 느낌을, 또 이 모든 것이 얼마나 음악적인지 당신들에게 어떻게 설명할 수 있을까." (「쇠퇴한 산업도시가 '유럽 문화의 중심지'로」, 《경기일보》, 2015.06.15.

23개의 도시 지역^{kreisfreie Städte}으로 구성됩니다. 이 지역을 중심으로 라인-루르 대도시 지역을 형성하며, 약 1,750만 명의 인구가 집중되어 있습니다.

루르 지역은 라인강을 중심으로 노르트라인-베스트팔렌과 인접한 엠셔강, 모젤강 등의 하천을 활용한 물류 수송으로 독일의 산업화를 주도했습니다. 유럽의 석탄과 철강 산업 중심지로서 1950년대 140개의 광산에서 약 47만 명이 종사하였습니다. 1970년대까지 석탄 산업이 번창하여 독일 경제의 중심이자 상징적인 공간이었습니다. 하지만 이후 점차 쇠퇴를 거듭하면서 2000년대 중반에 이르러 6개 광산만 남게 되었고, 종사자도 급격히 감소하였습니다.

그럼에도 불구하고 오늘날 루르 지역은 독일에서 강력한 경제적 영향력을 유지합니다. 루르 지역은 유럽 물류의 중심지로서 변화하고 있으며, 루르 지역을 중심으로 500㎞ 반경 내에는 유럽 인구의 40%가 거주하는 지리적 조건을 활용하여 물류 및 경제 활동을 중심으로 발전했습니다. 지금도 제강, 화학 산업, 대형 발전소 등은 독일 국내외의 금속, 자동차, 전자, 의료 산업의 성장에 기여합니다.

엠셔파크 지역

엠셔파크^{Emscher Park}는 독일 노르트라인-베스트팔렌^{Nordrhein-Westfalen}의 루르 지역에 위치한 특별한 현장입니다. 이곳은 라인강의 작은 지류인 엠셔강을 중심으로 형성되었으며, 엠셔강을 따라 연결된 도시들은 철도, 운하 그리고 도로망을 통해 서로 연결되었습니다. 이것은 도시들 간의 조화로운 유기적 연결과 발전을 의미하며 엠셔강의 기적, 즉 '라인강의 기적'을 이끌어 내었습니다.

엠셔파크는 길이 70㎞, 면적 800㎢, 17개의 도시, 220만 명의 주민이 거주하는 루르 지역 북부의 도시 경관을 의미합니다. 이 도시 경관은 엠셔파크 국제건축박람회^{International Building Exhibition Emscher Park}를 개최하기로 결정하면서 변화가 시작되었습니다. 시민과 지역 행정부는 1989년 이후 이바^{IBA}의 프레임워크 안에서 지역 경관 디자인에 참여하여 중요한 경험을 쌓아 왔습니다. 17개 도시[37)]와 2개 도시 지역에서 KVR1[루르 지방자치단체 협회]가 7개의 녹색 회랑 계획을 수립하고 내부 시 활동 그룹을 조직한 것은 이 지역을 발전시켜 나가기 위한 중요한 노력 중 하나였습니다. 이러한 회랑은 각자 작은 프로젝트를 통해 엠셔파크를 형성하고 발전시켰습니다. 특히, 에센[Essen], 보훔[Bochum], 뒤스부르크[Duisburg], 오벨하우젠[Oberhausen], 도르트문트[Dortmund]는 과거의 산업화로부터 벗어나 환경 개선과 도시 발전을 추구하고 있는 지역으로, 지속 가능한 도시 계획과 경관 디자인에 대한 모델로 손꼽힙니다.

이 중 첫 번째로 살펴볼 도시는 독일의 북서부에 위치한 주요 도시로, 뒤셀도르프 행정관구[Regierungsbezirk Düsseldorf]에 속한 대도시 자치구인 뒤스부르크[Duisburg]입니다. 도시는 엠셔강 지역의 중심에 위치하며, 세계에서 가장 큰 내륙 항구 도시인 뒤스포트[Duisport]로도 잘 알려졌습니다. 중세 시대 뒤스부르크는 제국 자유 도시로서 시작하여 한자 동맹으로 발전하였습니다. 그 후 클리베 공작령에 따라 프로이센 제국에 편입되어 대학 도시와 산업 도시로 성장하게 되었습니다. 독일의 산업혁명 시기 석탄 산업이 발전하면서 도시는 성장하였습니다. 현재는 약 50만 명의 인구를 유지하고 있으며, 이는 독일에서 15위권 내외의 인구 규모 수준입니다.

---

37) 에센(Essen), 보훔(Bochum), 뒤스부르크(Duisburg), 겔젠키르헨(Gelsen-Kirchen), 글라트베크(Gladbeck), 보트로프(Bottrop), 오벨하우젠(Oberhausen), 렝클리하우젠(Recklinghausen), 발트로프(Waltrop), 뤼넨(Lünen), 베르크카멘(Bergkamen), 카멘(Kamen), 도르트문트(Dortmund), 카스트로프 라우크셀(Castrop-Rauxel), 뮐하임안데어루르(Mülheim an der Ruhr), 헤르네(Herne), 헤르텐(Herten)이 있다.

뒤스부르크항

　뒤스부르크는 18세기에는 담배와 섬유 산업의 중심으로 발전했으며, 대도시의 성장을 견인하는 큰 기업인 티센 크루프^{Thyssen and Krupp}와 같은 기업의 발전에 영향을 받았습니다. 그러나 제2차 세계대전의 폭격으로 도시 건물의 80%가 파괴 또는 부분적으로 손상을 입었습니다. 이후에는 대부분의 도시가 재건되었지만, 역사적인 랜드마크는 사라져 버렸습니다.

　1960년대 중반부터는 뒤스부르크의 철강 및 광산 산업이 쇠퇴하기 시작했습니다. 1970년대 약 60만 명에 달했던 인구가 1980년대 약 50만 명으로 감소하면서 도시는 위기를 겪었습니다.

　독일의 여타 도시들과 함께 뒤스부르크는 오랜 역사 속에 풍부한 문화유산을 지닙니다. 1000년이 넘는 요한 침례교회^{St. Johann Baptist}를 비롯해 독일 수운 교통의 발달을 보여 주는 독일 내륙 수로 박물관^{German Inland}

Waterways Museum, 산업 시설에서 생태공원으로 탈바꿈한 랜드스케이프파크 landschaftspark, 대형 양조장인 쾨니히 필스너König Pilsener가 있습니다.

두 번째로 살펴볼 도시는 라인-루르 수도권의 중심에 자리한 에센Essen입니다. 567,000명의 인구를 자랑하며 독일 내에서는 9번째로 큰 도시 중 하나입니다.

에센 스카이라인

에센은 작은 공국에서 시작되었지만 곧 석탄과 철강 산업이 번창하여, 노동자들이 도시로 몰려들어 큰 번영을 이루어 냈습니다. 그런 열기로 1929년과 1988년 사이에 독일 내 다섯 번째로 큰 도시의 자리를 서게 되었습니다. 1962년에는 도시의 인구가 73만 명에 이르렀으나, 경기 침체로 인해 점차 줄어들었습니다. 그럼에도 불구하고 독일 내 100대 기업 중 약 15% 정도의 기업이 에센에 기반을 두었습니다.

에센은 역사와 문화를 자랑하는 많은 유산들을 가지고 있습니다. 고딕 양식으로 1275년에 지어진 에센 대성당Essen Minster과 알프레드 크루프가 고전주의 양식으로 건립한 269개의 방과 28㏊에 이르는 대규모 빌라인 빌라휘겔Villa Hügel 그리고 알테 크르헤Alte Kirche 교회가 여전히 그 자리에서 에센의 기념비적인 이야기를 들려주고 있습니다. 게다가 석탄과 철광 산업의 상징인 졸버레인 탄광지Zollverein Coal Mine Industrial Complex는 2001년에 유네스코 세계문화유산으로 등재되었습니다.

빌라 휘겔^{Villa Hügel}

티센크루프^{ThyssenKrupp}와 RWE AG와 같이 대형 기업들이 이곳에 본사를 두고 있으며, 물류 기업인 쉥커 AG^{Schenker AG}, 도이치 반^{Deutsche Bahn} 등도 활동 중입니다. 비록 빚이 많은 도시이지만, 에센은 재개발 계획을 밀어 붙이며 성장하고 있습니다. 특히 2010년에는 루르 지역의 대표 유럽문화수도로 주목받는 성취를 이루어 냈습니다. 녹지 면적이 9.2%로 독일에서 세 번째로 친환경적인 도시로 선정되었으며, 2016~2017년에는 유럽녹색수도로 연속 선정되었습니다. 에센은 환경 보호와 자연 생물다양성 보존, 물 소비 감소를 위한 모범 사례로 손꼽히고 있으며, 온실가스 감축과 기후 변화 대응에도 적극적으로 참여하고 있습니다.

티센크루프의 본사

에센은 세계적으로 유명한 행사들을 개최하며, 에센 모터쇼는 약 53만 명의 방문객을 끌어들이는 세계적인 이벤트로 자리 잡았습니다. 에센슈필Essen Spiel과 국제 에너지박람회E-world energy & water 역시 도시에서 개최되는 대표적인 행사들 중 하나입니다. 독일에서 에센은 문화와 경제, 환경 등 다양한 분야에서 중요한 역할을 하며, 그 맥락에서 도시 풍경은 지속적인 발전과 도시의 번영을 상징합니다.

도르트문트 스카이라인

세 번째 도시는 노르트라인 베스트팔렌의 중심에 위치한 도르트문트 Dortmund입니다. 이 도시는 지역의 행정, 상업 그리고 문화의 중심 역할을 하며, 그 명칭은 루르강에서 따온 것이지만, 실제로는 엠셔Emsher강이 중심입니다. 2013년 기준으로 도시 인구는 575,944명으로 독일에서 8번째로 큰 도시입니다. 882년에 탄생한 도르트문트는 곧 왕국의 자유 도시로 거듭났습니다. 13세기에서 14세기 동안 한자 동맹Hanseatic League의 '최고의 도시'로 불릴 만큼 번창하였으며, 프로이센의 산업화 시기에는 석탄과 철강의 중심지로 자리 잡았습니다. 하지만 세계대전의 결과로, 도르트문트 역시 도시의 98%가 파괴되었습니다. 그러나 이후 1970년 대까지 독일에서 가장 중요한 석탄과 철강의 중심 도시 중 하나로 자리 매김하게 되었습니다. 특히 1870년에서 1913년 사이에 맥주 생산량이

10배 이상 증가하며 세계 주요 맥주 생산 지역 중 하나가 되었습니다.

도르트문트에는 104m의 높이를 자랑하는 레이놀드 교회^{St. Reinold's Church}가 중심에 위치하며, 이 교회를 중심으로 올드 마켓^{Old market} 지역이 형성되었습니다. 또한 도르트문트의 프리던스플라츠 광장^{Friedensplatz}에는 1899년에 완성된 도르트문트 구 청사^{Altes Stadthaus}, 클래식 공연이 열리는 콘체르트 도르트문트^{Konzerthaus Dortmund}, 1966년에 문을 열었던 오페른하우스 도르트문트^{Opernhaus Dortmund} 등이 있습니다. 이 외에도 독일 축구 역사상 가장 성공적인 클럽 중 하나로 손꼽히는 도르트문트 보루시아^{Ballspiel-Verein Borussia 09 e. V. Dortmund} 축구 클럽이 이 도시를 연고로 하고 있습니다.

도르트문트는 녹색 대도시로도 유명하며, 베스트팔렌^{Westfalenpark}, 롬베르그 공원^{Rombergpark}과 같은 넓은 공원, 수로, 삼림, 농업 지역 및 녹지로 구성된 곳입니다. 석탄 및 철강 산업의 쇠퇴 이후, 도시는 서비스 부문과 첨단 산업 중심으로 변모하였습니다. 첨단 기술, 로봇 공학, 생물 의학 기술, 마이크로 시스템 기술, 공학, 관광, 금융, 교육 그리고 서비스 등의 분야에서 발전을 이루었습니다. 미텔슈탄트^{mittelstand}[38]라 불리는 수백 개의 중소기업이 기술과 장인 정신을 토대로 번영하였습니다.

---

[38] 독일 경제의 핵심층을 구성하는 중간 규모의 기업을 이르는 말. 독일 경제의 핵심인 중소기업을 가리키는 말로, 인력이 500명을 넘지 않고 매출이 5000만 유로(약 720억 원) 미만인 기업들이다. 미텔슈탄트는 독일 전체 기업 가운데 99.6%(367만 개)를 차지하고 있는데, 이들 기업들은 제2차 세계대전 이후 초토화된 독일 경제를 부흥시키는 데 주도적인 역할을 해 왔다. ("미텔슈탄트", 네이버 지식백과(http://terms.naver.com/), 2016.02.11.) 필기구의 파버카스텔, 만년필의 몽블랑, 카메라 렌즈의 카를차이스, 정수기의 브리타, 인쇄 기계의 하이델베르크, 고속 담배 제조기의 하우니 등이 세계를 석권한 독일 미텔슈탄트다. 이 밖에 와인 운송 분야의 힐레브란트, 특수 선박 엔진과 디젤 엔진의 MTU, 세탁기의 밀레, 주방용품의 휘슬러, 공구 제작회사인 길데마이어, 단추 생산업체인 유니온 크놉도 대표적인 미텔슈탄트로 꼽힌다. (「라인의 기적 낳은 '칼의 도시' 졸링겐」, 《동아비즈니스리뷰》, (2009년 10월 Issue 2))

RWE-Tower

엠셔파크^{Emscher Park}가 지속 가능한 도시로 거듭나는 이야기는 과거의 산업 지대인 루르 지역이 미래를 향해 두각을 나타내며 펼쳐졌습니다. 그 경쟁적이고 전통적인 철강과 석탄 산업의 쇠퇴 그리고 인구 감소와 같은 위기 속에서 도시가 탄생하였던 것입니다. 폐허가 된 산업단지와 황폐한 유산들은 새로운 생명을 얻기 위해 재탄생의 과정을 거쳤습니다.

란트샤프트 파크^{Landschaftspark Duisburg-Nord}, 졸페라인^{The Zollverein Industrial Complex}, 첸트로^{CentrO} 그리고 가소메터^{Gasometer Oberhausen}와 같은 프로젝트는 폐기된 산업 지역을 문화와 예술의 영지로 재창조하였습니다. 여기에 문화예술의 전시장, 공연장, 쇼핑몰, 체험 공간, 스포츠 시설 등이 생기며, 엠셔파크의 활기와 창조성을 되찾게 되었습니다. 이러한 도시 재생 프로젝트로 인해 혁신적인 건축 문화와 예술의 창조력으로 가득 찬 도시로 엠셔파크를 선정하게 되었습니다. 이곳은 2010년 유럽 연합^{EU}에서 선정한 '유럽문화수도'로 등극했는데 이는 다시 한번 도시의 생명력을 되찾아내는 시작점이 되었습니다.

엠셔파크 국제건축박람회^{IBA Emscher Park}

역사적으로 유럽 석탄과 철강의 중심지였던 루르는 그야말로 산업화의 화두였습니다. 19세기 루르강에서 시작된 산업화는 엠셔강을 횡단하며 100년 동안 그 역사적인 흐름을 이어 갔습니다. 그중 엠셔강은 공업의 중심지로 선정되어 폐수 운하로 이용되었는데, 그 결과로 생태계는 엉망이 되었습니다. 경제적으로 급격한 변화를 맞이하면서 루르에는 지형 파괴, 하천 오염, 경기 침체, 주민 이주 등 다양한 도시 문제가 동반하여 발생하게 되었습니다. 이렇게 장기간 지속된 루르 지역의 경제적 위기를 인식하고 해결하기 위해 엠셔파크 국제 건축박람회^{International Building Exhibition(IBA) Emscher Park}가 추진되었습니다. 이를 실현하기 위해 엠셔 주변의 도시들은 주 정부와 협력을 강화하고 적극적인 재생 사업을 진행하였습니다.

IBA 엠셔파크 프로젝트에는 도시 개발 분야뿐만 아니라 다양한 분야의 전문가들이 모여 대형 프로젝트를 수행하였습니다. 이들은 도시 내에 아직 존속하는 공장들의 가치를 인정하고 산업 유산을 보존하는 한편, 필요 없는 구조물을 식별하고 그 활용 방안에 대해 철저히 논의하였습니다.[39] 정책 실행과 과정에 주민들이 참여할 수 있도록 주민 참여를 기반으로 조건을 조성함으로써, 엠셔 일대에는 혁신적인 변화가 일어났습니다.

뒤스부르크의 사례를 보면 1970년대 이후 인구가 10만 명 이상 감소할 정도로 경제적인 위기 상황에 놓여 있었습니다. 그 난관을 극복하기

---

39) 「[폐광지 산업문화유산을 살리자] 11. 에필로그–탄광촌의 새로운 희망찾기」, 《강원도민일보》, 2011.11.16.

위해 주 정부와 지방 정부가 함께 뭉쳤고, 이를 실현하기 위해 IBA 엠셔파크 프로젝트를 시작했습니다. 그 결과, '란드샤프파크 뒤스부르크 노르트Landschaftspark Duisburg-Nord'라는 이름의 공장 부지를 환경 공원으로 변신시킨 혁신적인 프로젝트가 탄생하게 되었습니다.

이 프로젝트는 창의적인 아이디어를 환경 공원으로 바꾸는 과정에서 공개 입찰을 통해 시민들의 참여와 의견을 적극적으로 수용하였습니다. 시민들은 매주 한 번 모여 직접 설계자들에게 원하는 것을 제안했고, 그 결과로 다양한 의견이 반영되었습니다. 공원은 사진작가부터 다양한 예술가들을 위한 장소이자 산업과 환경을 배울 수 있는 현장으로, 더 나아가 음악 공연과 스킨스쿠버 다이빙과 암벽등반 등을 즐길 수 있는 공간으로 탄생하였습니다.

석탄과 철강의 도시로서 번창했던 오버하우젠Oberhausen 역시 도시가 쇠퇴하면서 'IBA 엠셔파크Internationale Bauausstellung Emscher Park'를 진행하게 되었습니다. 이 도시 재생 프로젝트로 유럽 최대의 쇼핑몰 '첸트로'와 전시 공간 '가소메터'를 조성하였습니다. 특히 가소메터는 도시의 정체성을 대표하는 상징적인 건물로서, 시민들과 예술가들의 의견을 적극적으로 수용하며 문화예술을 위한 새로운 공간으로 재탄생하였습니다. 이처럼 엠셔파크Emscher Park는 루르 지역 북부의 17개 주, 220만 명에 달하는 주민들에게 창조적 혁신을 보여 주고 상징하는 공간이 되었습니다.

'프로젝트 루르^{Projekt Ruhr}'의 실천과 첨단 산업

엠셔파크의 성공을 바탕으로 2000년대부터 시작된 지역 재생 사업은 루르 지역을 첨단 산업의 중심으로 변화시켰습니다. 특히 '프로젝트 루르^{Projekt Ruhr}'를 포함한 도시 전략은 지역의 경제 미래를 개척하기 위한 결정적인 단계였습니다.

정부는 이러한 변화를 주도하기 위해 유한 회사를 설립하고, 6만여 개의 신규 일자리 창출을 목표로 12개 분야의 산업 클러스터를 선택하여 민관 협력 방식의 사업을 추진했습니다. 이 노력은 '루르지방 지역 재생 정책'이라는 이름으로 알려졌으며, 지역의 산업 구조를 변화시키는 데 큰 성과를 거두었습니다.

두 번째 단계의 사업을 진행하면서, 도르트문트는 '도르트문트 프로젝트'를 더불어 추진하였습니다. 이 프로젝트에서는 정보통신기술^{IT}, 미세전자기계공학^{MEMS}, 물류^{Logistics}와 같은 신산업을 중심으로 3대 산업 클러스터를 형성하고, 낙후 지역의 도시 경관을 혁신하는 데 주력했습니다. 목표는 2010년까지 2만여 개의 일자리를 창출하는 것이었지만, 1만여 개에 그쳤습니다. 그러나 이것은 쇠락한 지역 경제를 혁신적인 분야로 이끌어 내어, 경제 구조를 변화시키는 역할을 했습니다.

그 결과로 도시 내 1인당 국내 총생산이 크게 증가하였습니다. 뒤스부르크는 2000년에는 3만 2천 달러에서 2012년에는 4만 1천 달러로 증가하였으며, 에센은 3만 2천 달러에서 3만 8천 달러, 도르트문트는 2만 9천 달러에서 3만 8천 달러로 성장했습니다.

이러한 성장의 지표는 루르 지역이 어려운 시기를 빠져나오고 있음을 의미했습니다. 첨단 산업으로의 전환은 지역 사회에 생명을 불어넣었으며, 과거의 어려움을 극복하는 데 주요한 역할을 한 것입니다. 이러한 노력은 과거의 석탄과 철강의 그림자를 벗어나, 루르 지역을 지속 가능한 도시의 성장 모델로 이끄는 길을 열어 주었습니다.

생태 도시의 근간, 엠셔게노센샤프트

엠셔게노센샤프트

엠셔강은 예로부터 듬직한 마을과 농장들을 가로지르며 루르 지역의 109㎞를 흐르던 강이었습니다. 그러나 그 강은 불규칙한 곡선과 낙차로 인해 '예측 불가능한' 강으로 간주되었으며, 잦은 홍수와 코스 변경으로 인한 문제가 있었습니다. 1850년에서 1906년 사이, 이 지역은 정착과 산업화의 시대로 진입했습니다. 1870년대 산업화로 인해 인구가 급증하며 엠셔 밸리의 주민들은 이 변화의 목격자가 되었습니다. 1871년에서 1905년 사이, 딘슬라켄과 카스트로프 라우크셀의 엠셔를 따라 담수 지역의 주민 수는 9만 명에서 59만 명으로 급증했습니다. 광산의 확장은 홍수로 인한 문제를 야기하고, 인구의 증가로 인해 산업 폐수와 하수가 강으로 유입되었습니다. 엠셔의 맑은 물과 지하 수질은 더욱더 오염되었으며, 홍수 발생 시 강 근처 지역에서는 전염병이 증가했습니다. 19세기 말까지, 엠셔는 '물 관리 재해 지역' 또는 '대하수구'로 유명한 악명 높은 강으로 남았습니다.

1906년에서 1949년 사이, 엠셔강의 위생 상태는 불허할 수준에 이르렀습니다. 이는 광산업과 지역 사회의 경제적 공헌으로 인한 결과였습니다. 지자체, 주민, 기업 등은 이 문제를 식별하고 해결하기 위해 엠셔게노센샤프트^{Emschergenossenschaft40)}에 참여했습니다.

엠셔게노센샤프트는 지역 내 대규모 광산 침하로 인한 폐수 유입을 막기 위해 다방면으로 노력했습니다. 이를 위해 제방을 건설하고, 여러 지류에서 물을 끌어 올렸습니다. 1950년대에는 석탄 광산의 폐수가 줄었지만, 인구 증가로 인해 생활 폐수 문제가 발생했습니다. 따라서 엠셔게노센샤프트는 유럽 최대 규모의 하수 처리 시설을 설립하여 라인강으로의 유입을 막았습니다.

게다가, 1981년부터는 엠셔 지역에서 최초로 수로 지역 재생 프로젝트를 시작했습니다. 폐수는 지하 파이프를 통해 분류되었고, 콘크리트 코르셋은 철거되었습니다. 하수 처리 시설을 현대화하면서 깨끗한 물이 공급되었고, 엠셔강의 생태 환경은 빠르게 회복되기 시작했습니다. 하천과 수로 시스템을 개선하고 생태 환경을 증진시키면서 엠셔게노센샤프

---

40) 게노센샤프트(Genossenschaft)는 독일의 법학자 O.기르케가 제창한 제2차적 형성(인위적 형성) 단체로서의 공동형태의 개념으로 단체 또는 조합협동체로 번역된다. ("게노센샤프트", 네이버지식백과사전(http://terms.naver.com/), 2018.01.18.)

트는 유럽 하천 복원의 모델이 되었습니다.

문화유산 보존 및 창조 공간

엠셔파크는 산업화의 상징적인 공간을 지역의 문화유산으로 보존하고 되살려, 이곳을 창조적인 예술의 영감을 주는 공간으로 재탄생시켰습니다. 이러한 도시 재생을 통해 새로운 창조적인 활동과 아이디어가 풍부한 예술가들에 의해 도시는 활기차게 빛났고, 이는 지역 경제를 활성화시키는 데 결정적인 역할을 하였습니다.

엠셔파크는 1989년부터 10년 동안 무려 3조 1,500억 원을 투자하여 도시 재생 프로젝트를 실행하였습니다. 이 프로젝트는 뒤스부르크의 란트샤프트 파크^{Landschaftspark Duisburg-Nord}, 에센의 졸페라인^{The Zollverein Industrial Complex}, 오버하우젠의 '가소메터^{Gasometer Oberhausen}', 보트로프의 테트라에다^{Tetraede} 등 엠셔 지역의 여러 곳에서 시작되었습니다.

먼저, 뒤스부르크의 란트샤프트 파크^{Landschaftspark Duisburg-Nord}는 버려진 산업단지를 공공장소로 재탄생시킨 사례입니다. 1901년, 아우구스트 티센^{August Thyssen}은 석탄과 철을 연결하기 위해 광산 옆에 고로 단지를 건설하여 제철 산업을 시작했습니다. 그러나 유럽의 철강 시장이 과잉되면서 생산량이 감소하였고, 1985년에는 공장이 폐쇄되었습니다. 이렇게 무용지물로 남아 있던 약 200㏊의 폐지가 아름다운 공공 공원으로 탈바꿈할 수 있었습니다. 1991년, 란트샤프트 파크^{Landschaftspark Duisburg-Nord}는 라츠^{Latz}와 그의 파트너들에 의해 디자인되었습니다. 약 180㏊의 자연 환경에 산업 유산과 매혹적인 조명을 결합하여, 세계의 여느 공원과도 다른 독특한 경관을 창출했습니다. 고로 단지의 건물은 박람회장, 공연장, 파티 장소, 인공 다이빙 센터, 고산 등반 정원, 로프 코스, 전망대 등 다양한 용도로 변모하였습니다. 이러한 생태 공원으로의 변화로 도시는 생태 교육의 중요한 장소로서 빛나게 되었습니다. 산업 유산과 자연환경이 조화롭게 어우러지

뒤스부르크의 란트샤프트 파크

며, 이곳은 세계적인 명소로 거듭났습니다. 매년 대규모 행사가 개최되고 방문객 수가 꾸준히 증가하며, 란트샤프트 파크Landschaftspark Duisburg-Nord는 무궁무진한 활기를 띱니다. 이러한 도시 재생의 성공적인 사례는 고난과 어려움을 극복하고, 공공 공간을 창조적으로 재해석하여, 민관 협력의 원칙으로 지역 경제와 문화 산업의 성장을 촉진한 것입니다.

에센의 졸페라인The Zollverein Industrial Complex은 루르 산업화의 상징이자 도시의 랜드마크로, 유럽에서 가장 근사한 공장 중 하나입니다. 이곳은 1936년 문을 열어 1993년 석탄 광산과 코크스 공장이 폐쇄되기 전까지

지속적으로 운영되었습니다. 또한 이곳은 독일에서 가장 크고 오래된 탄광 중 하나로서 그 역사를 새기며 살아왔습니다.

　주 정부와 시 행정부는 졸페라인 재단을 설립하여 오랜 산업 유산을 존중하고 재활성화에 적극적으로 기여했습니다. 특히, 'Shaft XII'는 커브 타워winding tower로 특징지어진 바우하우스 스타일Bauhaus style로 건축되었으며 '세계에서 가장 아름다운 탄광로most beautiful coal mine in the world'로 평가받는데, 건축과 기술의 걸작으로 손꼽힙니다. 빨간 철강 트러스와 전형적인 바우하우스 스타일의 보일러 하우스는 '레드닷 디자인박물관Red dot design museum'으로 부활하여 디자인을 중심으로 한 문화와 예술의 중심지로 변모했습니다. 이어서 루르 박물관Ruhr Museum은 지역 광산의 역사와 화석, 지역의 자연과 문화의 역사를 상설 전시 하며 이미 50만 명 이상의 관람객들이 방문했고, 이곳의 문화적 가치를 긍정적으로 평가받았습니다.

에센의 졸페라인

　이러한 업적으로 인해 졸페라인은 '세상에서 가장 아름다운 광산'으로 인정받고, 2001년에 유네스코 세계문화유산으로 등재되었습니다. 이후 재생 사업으로 새롭게 태어난 졸페라인은 연간 200만 명 이상의 방문객을 맞이하며, 지역에 1,000개 이상의 일자리를 창출하는 데 성공한 공간으로 떠오르고 있습니다.

오버하우젠Oberhausen은 도시 재생으로 탄생한 유럽 최대 쇼핑몰 '첸트로CentrO'와 인상적인 전시 공간 '가소메터Gasometer Oberhausen'를 자랑합니다. 이 도시는 석탄 광산과 제철소로 개발되었으며, 독일의 고속도로 네트워크와 철도 교통으로 연결되어 교통의 중심 역할을 해 왔습니다. 그러나 1992년에 마지막 탄광이, 1997년에는 티센 철강 공장이 폐쇄되면서 산업 시설은 방치되었습니다.

티센 그룹의 제철소 부지에는 교통 이점을 활용한 유럽 최대의 쇼핑몰 '첸트로'가 조성되었습니다. 산업 시설을 철거하고 1996년에 쇼핑센터로 탈바꿈한 첸트로는 220여 개의 상점, 20여 개의 레스토랑, 극장, 공연장, 호텔, 수족관 등 다양한 시설을 제공합니다. 2011년에는 가족 단위 관광객을 위한 확장된 쇼핑 공간이 마련되고, 2013년에는 레고랜드와 어린이 놀이공원도 자리하게 되어 도시의 활기를 불어넣었습니다.

유럽 최대의 쇼핑몰인 '첸트로CentrO'

가소메터는 1929년에 높이 117.5m, 직경 67.6m, 용량 347,000㎥의 가스탱크로 탄생하였습니다. 그리고 제2차 세계대전 이후에는 재건되어 도시의 랜드마크로 자리 잡았으나 1992년, 재사용과 구조물 해체에 대한 논의 속에서 가소메터의 운명은 불분명해졌습니다. 그러나 1992년의 시의회 투표에서 새로운 용도를 제안하며 가소메터를 구조적 아름다움을 살릴 전시 공간으로 변환하기로 결정하였습니다. IBA 엠셔파크의 계획에 따라 가소메터는 전시 공간으로 재탄생하였고, 1993년부터 1994년까지 도이치 밥콕 AG^{Deutsche Babcock AG}에 의해 개조 및 복원되었습니다. 이 과정에서 높이 6.4m, 용량 3000㎥의 전시 공간으로 변모한 옛 압력 디스크는 중요한 행사의 무대로 활용됩니다. 전시 공간의 제약에도 불구하고, 독창적인 콘텐츠와 이벤트는 가소메터에 활기를 불어넣었습니다. 이러한 노력으로 가소메터는 2006년에 '유럽 산업문화유산의 길^{European Route of Industrial Heritage, ERIH}'의 일부로 인정받아 영국, 네덜란드, 프랑스, 룩셈부르크 등 유럽 각지에서 관광객들을 끌어들이는 인기 명소가 되었습니다.

가스탱크에서 전시 공간으로 변화된 가소메터

한편, 엠셔강 북부에 위치한 보트로프^{Bottrop}는 석탄 광산의 폐석을 처리하던 경석장이 레포츠 공원으로 전환된 사례를 보여 줍니다. 루르 지역에서 가장 큰 광산 중 하나인 프로스퍼하니엘 탄광은 여전히 활동 중이며, 이 장소의 새로운 변화로 알파인 센터와 테트라에다Tetraede가 두드러집니다. 알파인 센

경석장 위에 조성된 테트라에다

터는 경석을 쌓아 만들어진 경사진 사면을 활용하여 실내 스키장, 스카이다이빙, 롤러코스터, 서바이벌 게임장, 클라이밍 체험장 등 다양한 시설을 제공하며, 이곳은 일일 2천 명 이상, 연간 70만 명 이상의 관람객을 매료시킵니다.

또한 테트라에다는 9m 길이의 네 개의 콘크리트 기둥과, 60m 길이의 피라미드로 이루어진 독특한 구조물로, 1995년에는 도시의 랜드마크로 자리하게 되었습니다. 이러한 장소들은 독일의 산업 유산을 감상하며 창조적인 공간을 찾고자 하는 방문객들을 매료시킵니다.

이처럼, 뒤스부르크와 에센, 오버하우젠 그리고 보트로프에서의 도시 재생 프로젝트는 혁신적인 건축과 예술의 창조성을 지역 사회와 관광객에게 제공하여 엠셔파크를 2010년 EU에서 선정한 '유럽문화수도'로 빛나게 만들었습니다. 그 결과 지역 재생에 투입된 비용의 가치보다 이로 인한 지역 내 파급 효과가 상당했습니다. 더불어 독일 산업화의 상징이 된 역사 유산을 남기려는 프로젝트로서 훌륭한 평가를 받습니다.

엠셔의 문화적 다양성과 관용성

엠셔 지역은 석탄의 땅에서 시작한 다문화의 위대한 시가로, 용감한 이민자들과 성소수자를 포용하며 창조적으로 성장하였습니다. 석탄 산업의 기반을 이루었지만 석탄 산업의 쇠퇴와 인구 감소로 노동력의 유입을 필요로 하던 엠셔는 다른 문화를 환영하면서 동유럽의 이민자들로 가득 차게 되었습니다. 그리고 독일의 노령화가 사회적 문제로 대두되면서, 이민자를 수용하여 다문화 사회로의 전환을 선택했습니다.

뒤스부르크는 세계 각지에서 온 다양한 문화가 어우러진 곳입니다. 터키, 루마니아, 불가리아, 폴란드, 이탈리아, 세르비아, 그리스에서 온 이민자들이 조화롭게 공존하며 이곳을 집으로 삼았습니다. 터키 출신의 이슬람 신자들이 많아 엠셔 지역은 서유럽에서 가장 큰 모스크를 자랑합니다. 이러한 문화적 다양성은 도르트문트의 성공에 핵심적인 역할을 하며, 그 중요성은 과소평가될 수 없습니다.

이민자들과 함께, 엠셔 지역은 성소수자들의 힘을 발견하고 기르며 화려한 변화를 이루었습니다. 레즈비언, 게이, 바이, 트랜스젠더, 성 마이너리티 등 다양한 성소수자들의 활동은 시정, 시민 사회, 경제 분야에 걸쳐서 큰 영향을 미칩니다. 이러한 열정적이고 용감한 개인들은 엠셔를 더 개방적이고 포용적인 도시로 만들어 가며 그 다양성을 활기차게 드러나게 합니다.

이민자들은 자신의 문화와 언어를 가져와 엠셔에 새로운 삶과 아이디어를 가져다주며, 그 결과 다문화 사회가 확장하고 번창하였습니다. 각 문화의 고유한 맛과 색채, 언어와 예술이 뒤스부르크를 풍성하게 만들어 주었습니다. 여기서 탄생한 창작 예술과 음식, 축제, 문화 행사는 엠셔를 유럽에서 가장 독특하고 매혹적인 장소 중 하나로 만들어 주었습니다.

이민자와 성소수자들이 엠셔에서 창조적으로 활동하고 협력함으로써, 엠셔는 더 다양하고 열린사회로 성장하였습니다. 그들의 공헌은 이 지역의 문화적 다양성을 풍부하게 만들며, 엠셔를 유럽에서 가장 역동적이고 혁신적인 지역 중 하나로 만들어 갑니다. 이민자와 성소수자들의 열정적인 활동은 시정과 시민 사회의 중요한 부분으로 자리하며, 문화예술뿐만 아니라 기업에 혁신을 불어넣었습니다.

도시 안전과 과제

여느 때와 다름없이 도시들은 과거의 산업 유산을 새로운 창조적인 공간으로 탈바꿈시키는 도전에 직면합니다. 그중 하나로 '엠셔파크'라는 프로젝트가 있습니다. 엠셔파크는 폐공장을 활용하여 도시 재생을 이루었지만, 이로 인해 안전 문제가 끊임없이 제기됩니다. 이런 도전에 직면한 각 도시들은 도시 공간의 재생 과정에서 중요한 안전 문제를 어떻게 다루어야 하는지에 대한 고민을 하고 있습니다.

낙후된 여러 시설들을 개보수하는 과정에서 정부에서 요구하는 안전 규정을 준수하는 것은 간단하지 않습니다. 이로 인해 시설 유지 비용이 전체 예산에서 가장 큰 부분을 차지하게 되었습니다. 또한, 행사를 개최할 때 안전 규정을 준수하는 데 필요한 예산도 상당한 부담을 안겨 줍니다. 엠셔파크는 안전 문제를 해결하기 위해 안전 관련 전담 부서를 두어

사전에 안전사고를 예방하고 있지만 도시의 높은 다양성과 관용성은 여전히 도시 안전 분야에서는 효과적으로 작용하지 못합니다.

예를 들어, 뒤스부르크에서는 2007년에 마피아 조직 간의 세력 다툼으로 이탈리아인 6명이 총살되었고, 2010년에는 세계 최대 음악 축제 중 하나인 '러브 퍼레이드'에서 19명이 사망하고 342명이 부상을 입는 사건이 발생했습니다. 또한, 2013년에는 도르트문트의 노르트슈타트가 불가리아와 루마니아 출신의 이주 여성들이 집단 성매매를 하는 슬럼가로 변화되었으며, 이로 인해 범죄율이 상승하였습니다.

독일 통신 DPA의 보고에 따르면, 2006년에는 도르트문트에서 인구 10만 명당 1만 1,478건의 범죄가 발생하였고, 에센에서는 9,291건이 발생하여 각각 7위와 8위를 차지하였습니다. 그런데 2013년에는 도르트문트에서 1만 4,078건, 에센에서는 1만 111건으로 범죄 발생률이 더욱 상승하였습니다. 이러한 도시들뿐만 아니라 뒤스부르크, 보훔, 오벨하우젠 등도 높은 범죄 발생률을 기록했습니다.

특히 2010년대 중반 이후, 쾰른, 본, 뒤셀도르프, 도르트문트, 에센을 포함한 독일 최대 주 노르트라인 베스트팔렌 지역에는 시리아를 비롯한 중동 지역에서 난민들이 유입되었습니다. 독일 정부의 난민 환대 정책 속에서 난민 수용과 정착에 따른 사회 문제가 대두되었으며, 성범죄와 폭력 등의 강력 범죄가 발생하였습니다.

엠셔파크의 다양성과 관용성은 도시 재생에는 큰 가치를 부여하지만, 이러한 가치를 유지하면서 도시 안전을 확보하는 것은 어려운 과제입니다. 현재의 상황에서는 다양성을 존중하면서 안전을 유지하기 위한 노력이 필요하며, 정부, 지자체, 시민 모두가 협력하여 이 문제에 대한 지속적인 대안을 모색해야 합니다. 도시 재생과 안전은 양립할 수 있는 과

제라는 점을 명심한다면, 엠셔파크와 같은 프로젝트는 이러한 과제를 극복하는 데 큰 역할을 할 것입니다.

창의성과 혁신을 키우는 지식의 성소

엠셔파크는 창의적 인재 양성을 지향하며, 이를 위해 교육 프로그램을 운영하고 지역 내 대학들은 산학연 협력을 통해 창조 인력을 배출합니다.

이러한 노력을 통해 엠셔파크는 '창의성을 지닌 공동체에 어울리는 인간'의 양성을 목표로 하는 시민 교육을 실천합니다. 그들은 유아기부터 놀이, 음악, 미술 등의 교육을 실천하며, 체계적이고 실험 중심의 과학 교육과 융합 교육을 통해 창의 교육을 진행합니다.

엠셔파크의 대학들은 학제 공동 운영, 학생 상호 교류, 연구 협력 등을 통해 상호 협력하며 함께 성장해 나갔습니다. 이 과정에서 지역 대학, 지자체, 기업 등이 함께 연구하는 산학연을 기반으로 지역의 창조 산업을 주도합니다. 쾰른 대학, 뒤스부르크-에센 대학, 도르트문트 대학 등을 중심으로 형성된 이 산학연은 미래를 준비하는 데 필수적인 역할을 수행합니다. 도시의 대학과 연구 시설, 기업들은 긴밀하게 협력하여 과학 산업의 상용화를 위한 노력을 경주하며, 지역 내 수많은 창조 인재를 배출합니다.

무엇보다 루르 메트로폴리스 대학 연맹의 멤버인 뒤스부르크-에센 대학교Universität Duisburg-Essen는 세계적인 대학으로 도약하고 있습니다. 뒤스부르크의 게르하르트 메르카토르 대학과 에센 대학이 2003년 병합되어,

약 3만 명의 재학생을 두었습니다. 대학은 기술과학 분야와 사회과학 분야의 연구 활동을 통해 혁신을 주도하며, 지역과 기업과의 협력을 강화하고 있습니다.

엠셔의 대학은 미래를 준비하는 도시와 지역의 중심지로서 무한한 잠재력을 가집니다. 그들의 교육과 연구 프로그램은 창의성과 혁신을 키우며, 이를 통해 더 나은 미래를 준비하는 데 핵심적인 역할을 합니다. 창의성은 미래의 동력이며, 대학은 그 동력을 끌어올리는 책임감을 가지고 지식의 성소로서의 역할을 담당합니다.

지역 대학과 기업 간의 강력한 협력은 첨단 산업의 성장을 촉진합니다. 산학연 클러스터를 통해 지식 및 기술을 전이시키고, 연구자들을 채용하여 혁신을 이끌며, 더 나아가 스타트업 생태계를 지원하며 창업 기회를 확대합니다. 창업가들을 위한 인큐베이터 및 액셀러레이터 프로그램을 제공하며, 자금 조달 및 비즈니스 지원을 돕습니다. 이를 통해 지역 스타트업이 성공하고 혁신을 이끌어 내도록 지원하는 역할을 합니다.

특히, 자동차 산업 분야에서 혁신적인 실천 사례를 제공하고 있습니다. 지역의 대학과 기업은 전기 자동차 기술 및 스마트 모빌리티 분야에서 연구 및 개발에 많은 투자를 하고 있습니다. 이를 통해 전기 자동차 제조 및 배터리 기술에서 선두적인 역할을 하며, 스마트 시티 및 자율 주행 기술을 개발하고 있습니다. 이러한 혁신은 산업 전반에 영향을 미치며, 미래 지속 가능한 모빌리티의 리더로 도약하고 있습니다.

독일의 엠셔파크 지역은 첨단 산업 육성을 위한 종합적인 전략과 혁신적인 사례를 통해 지역 경제와 기술 발전을 지속적으로 추진하였습니다. 그들의 접근 방식은 협력과 지식 공유를 강조하며, 독일의 경제 성장과 경쟁력을 높이는 데 중요한 역할을 합니다.

결론: 엠셔파크의 지속 가능성 평가

엠셔파크는 루르 지역의 전통적 산업이 쇠퇴하여 그 경제적 기반이 축소되면서 위기를 극복하기 위한 방법으로 엠셔파크 국제건축박람회 International Building Exhibition(IBA) Emscher Park를 구상하였습니다. 그리고 이를 실천해 나가면서 도시의 지속 가능성을 높여 나갈 수 있었습니다. 엠셔파크 국제건축박람회라는 장기 도시 재생 프로젝트의 적극적 정책 추진과 민관의 협력, 산업 유산의 보존 및 재생을 통한 창조 공간으로의 변화, 문화예술 행사 및 지역 축제 활성화 등이 도시의 새로운 변화를 이끌었습니다. 그 내용을 정리하면 다음과 같습니다.

첫째, 엠셔 지역의 경제적 위기를 인식하고 이를 해결하기 위해 주 정부와 도시가 협력하면서 장기 정책을 수립하고, 시민 참여를 기반으로 한 정책을 실천해 나갔습니다. 경제 위기를 극복하기 위한 방안으로 엠셔파크 국제건축박람회 International Building Exhibition(IBA) Emscher Park를 개최하는 정책을 세우고 다양한 분야의 전문가로 구성된 팀을 통해 85개의 대형 프로젝트를 진행하였습니다. 이 정책 실천에 주 정부와 시의 긴밀한 협력과 재정적인 지원이 있었고, 산업 유산의 가치를 알고 보존과 재생의 방향에 시민들이 긴밀히 참여하여 창의적인 공간을 제안하였습니다. 또한, 산업화의 상징이었던 엠셔강의 수질 오염 등의 환경 문제를 일찍이 인식하고 생태 환경을 개선하기 위해 수로 계획을 오랫동안 추진해 나가면서 인간의 정주 공간을 쾌적하게 변화시켜 나갈 수 있었습니다. 하지만 '엠셔강의 기적'이라고 불린 만큼 루르의 성장을 이루어 낸 대표 공업 지역이 몰려 있는 엠셔강의 이면에는 산업 폐수의 유입으로 인해 전염병이 증가하고 생태계가 파괴되었습니다. 엠셔의 위생 상태가 도시를 지지할 수 없게 되었고, 이 문제를 해결하기 위해 산업체와 지역 사회가 엠셔게노센샤프트를 만들어 재생 프로젝트를 진행하면서 도시 환경 문제를 해결해 나갔습니다. 하천 복원으로 자연환경은 옛 모습을 되찾게 되었고, 이로 인해 정주 환경이 개선되면서 주민들의 삶의 질을 높여 나갈 수 있었습니다.

둘째, 세계대전으로 도시의 많은 문화유산이 파괴되었지만 남아 있는 문화유산을 보존하여 그 가치를 높여 나갈 수 있었습니다. 뒤스부르크의 요한 침례교회^{St. Johann Baptist}, 에센의 에센 대성당^{Essen Minster}, 빌라휘겔^{Villa Hügel}, 테 크르혜^{Alte Kirche}, 도르트문트의 레이놀드 교회와 올드 마켓^{Old market} 지역, 도르트문트 구 청사^{Altes Stadthaus, 1899} 등은 전쟁으로 폐허가 된 도시에서 원래의 모습으로 남아 있거나 새롭게 재건하여 만들어진 전통 공간으로 지역 주민들에게 역사적인 상징 공간이 되고 있으며, 관광객들의 주요 방문 코스가 되었습니다. 또한, 전통 유산 외에도 루르 지역의 산업화와 관련된 광산 및 제철소 등의 산업 유산을 새롭게 재생해 나가면서 다양한 창조적인 공간으로 변화시켰습니다. 폐허가 된 산업단지를 란트샤프트 파크^{Landschaftspark Duisburg-Nord}, 졸페라인^{The Zollverein Industrial Complex}, 첸트로^{CentrO}와 가소메터^{Gasometer Oberhausen}, 알파인 센터^{alpine center}와 테트라에다^{Tetraede} 등과 같이 문화예술 전시장, 공연장, 쇼핑몰, 체험장, 스포츠 센터 등의 공간으로 재탄생시켰습니다. 이러한 도시 재생 프로젝트 사업으로 인해 엠셔파크는 혁신적인 건축 문화와 예술적인 창조성을 인정받아 2010년 EU에서 선정한 '유럽문화수도'가 되었으며, 도시의 활력을 되찾을 수 있었습니다.

셋째, 지역 내 다양하고 많은 박물관, 미술관, 공연장 등을 보유하고, 문화예술 분야의 전시와 공연 등이 수시로 이루어지고 있으며, 지역 내 창작 활동을 적극적으로 지원합니다. 루르 지역에는 독일 내륙 수로 박물관German Inland Waterways Museum, 빌헬름 렘브루크의 박물관Wilhelm Lehmbruck Museum, 랜드스케이프파크landschaftspark, 쾨니히 필스너König Pilsener, 쾨니히 브라우레이König Brauerei가 자리 잡았습니다. 콘체르트 도르트문트Konzerthaus Dortmund, 오페른하우스 도르트문트Opernhaus Dortmund 등의 공연장과 박물관 등의 문화예술 시설이 주변 중소 도시에 비해 많으며, 지역 내 예술가들을 위해 창작 활동을 지원하고 전시회를 개최하여 이들의 정착을 돕습니다. 뒤스부르크는 문화 시설과 이벤트를 포괄적으로 후원합니다. 하이라이트는 현대 사회·정치·문화적 주제에 초점을 맞춘 축제인 '뒤스부르크 AKZENTEDuisburger Akzente'입니다.[41] 뒤셀도르프와 뒤스부르크의 극장 연합인 도이체 오퍼 엠 라인Deutsche Oper am Rhein이 뒤스부르크 시립극장에 소속되어 있습니다. 국제적인 명성을 가진 독일의 오케스트라 중 하나인 뒤스부르크 필하모닉 오케스트라가 이 극장에 상주합니다.[42] 박람회장, 공연장, 파티장, 레포츠 등의 장소로 변화된 란트샤프트 파크Landschaftspark Duisburg-Nord의 경우 1994년 당해에만 100만 명에 달하는 방문객이 관람하였을 정도로 인기 명소로 발돋움하였고, 매해 사진과 음악을 주제로 한 축제 및 영화제 등 대규모 행사를 진행하고 있습니다.

그러나 최근 엠셔파크는 새로운 어려움에 직면하였습니다. 전통적인

---

41) "Duisburg", Duisburger Akzente 웹사이트(http://www.duisburger-akzente.de/), 2016.05.19.

42) "Duisburg", 위키피디아 영어판(https://en.wikipedia.org/), 2016.05.19.

산업 기반이 붕괴된 이후 여러 도시가 대체 산업을 개발하는 데 성과가 미흡했습니다. 석탄과 철강 산업의 종말은 많은 일자리의 상실을 초래했고, 이는 지역 주민들의 실업률 상승과 경제적 불안정으로 이어졌습니다. 비록 엠셔파크 프로젝트가 환경 복구와 문화적 자산 재활용을 통해 일자리 창출을 목표로 했으나, 서비스 산업과 창조 산업으로의 전환이 충분하지 않았습니다. 이로 인해 몇몇 도시는 여전히 경제 회복에 어려움을 겪고 있습니다. 도시 매력의 저하로 인해 청년층이 다른 도시로 유출되면서 지역 사회의 고령화 문제를 심화시키고, 노동력 부족 문제를 가중시키고 있습니다.

이를 해결하기 위해 많은 도시가 도시기반시설에 투자하고 기업 유치를 위해 노력해 가는 가운데 과연 엠셔파크가 예전의 위상을 다시 회복하게 될지 그 귀추가 주목됩니다.

5부

미국 산타페

도시 개관

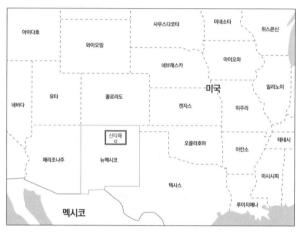

산타페의 위치

  면적 96.9㎢, 인구 규모 약 6만 9천 명의 도시, 산타페는 미국 뉴멕시코주에 자리한 소도시입니다. 1610년 스페인의 식민지 뉴스페인 당시에 탄생한 도시로 미국에서 가장 오래된 주도 중 하나입니다. 상그레 더 크리스토 산의 아래, 해발 약 2,200m에 자리해 있어 미국의 주도 중에서 해발고도가 가장 높은 도시입니다. 이로 인해 대륙의 영향을 받아 아열대 고원 기후와 반건조 기후가 조화롭게 어우러지며, 기후 자체가 독특한 아름다움을 뽐냅니다.

  산타페는 그 역사적 배경이 풍부한 도시로서, 1598년에는 스페인의 오냐테Oñate 장군이 이끄는 원정대가 이곳에 정착하며 스페인의 영향력이 이 지역에서 시작되었습니다. 이후 1610년에는 산타페가 주도로 지정되어 도시의 중심으로 자리 잡았습니다. 하지만 스페인의 지배는 200년이 넘도록 지속되다가, 1821년에 멕시코라는 이름으로 독립을 선언하였습니다.[43] 1846년, 미국은 멕시코와의 영토 분쟁을 빌미로 전쟁을 선포하며, 1848년 과달 루페 이달고 조약을 통해 산타페를 비롯한 뉴멕시코 지역이 미국의 손에 넘어갔습니다. 이후 1912년 1월, 뉴멕시코는 미합중국의 47번째 주로 편입되며 산타페가 주도로 지정되었습니다.

푸에플로 양식의 어도비 건축

산타페는 미국 원주민, 스페인 그리고 앵글로 문화가 아름답게 어우러진 도시로, 그 풍부하고 매혹적인 문화가 오늘날까지도 이어집니다.

이곳의 역사는 다채로운 이민 문화와 아름다운 건축 양식으로 표현되며, 특히 어도비 구조와 푸에블로Pueblo 양식의 주택은 이 도시를 독특하게 만들었습니다. 푸에블로 건축 양식을 따라 지은 어도비 건축은 도시로 많은 관광객을 유인하였습니다.

---

43) "산타페", 위키백과사전(https://ko.wikipedia.org/), 2015.09.30.

산타페의 주요 지역 중에는 플라자^{Plaza}, 캐년 로드^{Canyon Road}, 레일야드^{Railyard}가 있습니다. 이 중 플라자는 이 도시의 역사와 환대가 어우러진 곳으로, 400년 이상 전에 산타페의 중심으로 존재했던 곳입니다. 원래 요새나 성채로 사용되었던 플라자는 방어벽에 둘러싸여 주민들의 생활과 상업 활동의 중심이었습니다. 오늘날에도 플라자는 어도비[44] 양식의 호텔, 박물관, 레스토랑, 아트 갤러리 그리고 다양한 상점으로 가득 차 있어 이곳을 찾는 이들을 맞이합니다.

80개 이상의 미술관이 자리한 캐년 로드^{Canyon Road}는 현대 조각과 회화 작품의 전시장으로 예술 애호가들의 천국으로 불립니다. 복원된 어도비 양식의 상점과 갤러리로 이어진 거리는 옛 아메리카 인디언의 예술과 문화를 만끽할 수 있는 거리입니다. 옛 철길 레일야드^{Railyard} 역시 미술관, 독립 서점, 부티크, 극장, 카페들이 조화를 이루는 문화 거리입니다. 전통과 현재가 조화롭게 어우러져 방문객들에게 역사와 예술, 문화의 풍요로움을 제공하며, 산타페의 다양성과 창의성의 산실이 되었습니다.

산타페는 창조와 문화가 만나는 특별한 도시로 성장하고 있습니다. 이러한 성장은 푸에블로 인디언들의 전통문화와 스페인, 미국의 신문화가 융합된 결과입니다. 산타페는 이러한 다양성과 관련된 정책을 지원하며 도시의 문화를 끊임없이 발전시켰습니다.

어도비로 형성된 도시의 역사적인 유산은 보존되면서도 한편으로는 새로운 예술과 문화 공간으로 재탄생하였습니다. 이는 도시의 고유한 아름다움을 보존하면서도 창조와 혁신을 통해 발전하고 있다는 사실을 보여 줍니다.

---

44) 흙을 건조시켜 벽돌 모양으로 만든 구조를 말하며, 어도비 구조의 집을 일컬어 어도비 하우스라고 한다.

엔젤루 경제 보고서$^{Angelou\ Economics,\ 2014}$의 분석에 따르면, 2003년 산타페는 관광과 정부 부문의 연계가 지나치게 긴밀하며, 사업 다양성이 부족하다는 문제를 드러냈습니다. 더구나, 도시 내의 토지와 주택 비용 때문에 많은 사람들이 도시를 떠나며 스프롤$^{도시\ 내\ 외곽으로\ 인구와\ 상업이\ 이동하는\ 현상}$이 시작되었습니다. 45세 미만의 인구가 급격히 줄어들고 있으며, 도시는 고령화로 인한 인구 감소의 위기를 맞이하였습니다.

그러나 산타페는 이 문제에 대한 인식을 가지고 변화의 길을 걷기 시작했습니다. 도시는 새로운 지역 경제 전략을 수립하고 자금 지원을 받아들였습니다. 특히 예술, 문화, 디자인 관련 제조업 분야를 활성화시키며 경제를 다각화하는 노력을 기울였습니다. 이러한 노력의 결과로 2000년 약 6만 2천 명에서 2010년에는 약 6만 8천 명으로 인구가 증가했으며, 2012년에는 약 6만 9천 명으로 더욱 성장했습니다. 도시의 인구 구성은 다양합니다. 백인은 78.9%, 미국 원주민은 2.1%, 아시아는 1.4%의 비율을 보입니다. 전체 인구의 48.7%는 스페인과 라틴 아메리카 인종에 속하며, 비히스패닉 백인 인구는 46.2%의 분포를 보입니다.

자연 경관과 건조한 기후 그리고 문화적 풍요로움에 매료되어 예술가, 작가 그리고 은퇴자들이 이곳을 선택했습니다. 다양한 지역 축제와 문화예술 공연이 펼쳐지면서 이곳을 찾는 방문객들도 끊임없이 이어집니다. 이러한 인터랙티브한 체험 기회를 통해 창조적인 관광 산업을 육성하고 있으며, 도시 자체가 하나의 예술 작품처럼 느껴지는 곳으로 변화하였습니다. 산타페는 창조의 도시로서 계속해서 성장하며, 문화와 예술을 풍부하게 표현하고 있는 도시로 인정받고 있습니다.

창조 도시 정책 추진과 창조 산업 지원 전략

소도시의 성공 모델로서 오랫동안 세계 무대에서 소개되어 온 산타페의 원동력은 혁신이었습니다. 매력적인 도시로 산타페를 만들어 가는 데 있어서 도시가 지닌 어도비에 기반한 문화유산은 거대한 원동력이 되었습니다. 이 양식을 지켜 가기 위해 어도비 건물을 짓도록 하고 건축물의 높이를 규제하는 정책을 추진하면서 산타페는 고유한 건축 양식과 도시 정취를 보존하며, 미래를 준비해 나갈 수 있었습니다.

산타페의 혁신은 1990년대 초반부터 시작되었습니다. 도시는 본격적인 경제 개발 프로그램을 진행하면서 지속 가능성을 높여 나갈 수 있었습니다. 이를 통해 도시 경제 개발을 위한 계획을 수립하고, 제도적 기반을 마련하였습니다. 2000년에 들어서면서 도시 성장을 위한 문화예술과 창조 산업 분야의 적극적인 자금 지원이 이루어지면서 경제 성장의 토대가 마련되었습니다. 관광 산업뿐만 아니라 문화예술, 환대산업, 청정에너지, 소프트웨어 등 여러 분야의 산업을 육성하면서 도시의 경쟁력은 더욱 강화되었습니다.

산타페는 개인 사업가들을 위한 등록 및 기타 비용 절감을 통해 진입 장벽을 낮추는 데 큰 노력을 기울였습니다. 중소기업청[SBA]과 인디언 담당국[Bureau of Indian Affairs]과의 협력을 통해 소규모 사업가들에게 대출 및 종합적인 사업 지원을 제공하였습니다. 이러한 노력은 산타페의 경제 활성화와 소규모 미국 원주민 사업가들을 지원하기 위한 핵심적인 역할을 하였습니다.

더불어, 산타페는 문화 자원이 풍부한 문화 도시 구현을 통해 창조 산업 분야의 성장을 촉진하고 있습니다. 도시에서 건물 신축 시 일부 비용을 시에서 지원하며, 호텔에서 발생하는 세금의 일부도 문화예술 분야에 지원합니다. 이러한 자금은 산타페 예술위원회Santa Fe Arts Commission를 통해 장기적인 계획 및 도시의 경제개발 계획에 기여하며, 문화예술단체의 설립과 자금 지원을 이끌어 갑니다. 특히 비주얼 아트, 영화와 비디오 아트, 공연 예술, 신예술, 문학 등의 분야는 도시의 창조자본재단Creative Capital Foundation을 통해 예술 프로젝트를 지원하면서 문화예술 분야의 지속 가능성을 촉진시켰습니다.

산타페는 창조적인 도시 전략을 확장하며, 시민들의 삶의 질과 도시 안전을 증진하기 위해 지속적으로 노력합니다. 문화와 예술 분야에 투자를 촉진하기 위해 창조자본재단을 활용하여 2000년대 초반에는 1인당 국내 총생산이 미국 평균과 비슷한 수준으로 약 4만 9천 달러에 도달하였습니다. 이러한 성과는 산타페가 창조적인 예술과 문화를 중시하며 지역 경제를 활성화하는 데 얼마나 힘을 쏟았는지를 보여 주는 결과입니다.

그러나 2000년대 중반 이후에는 1인당 국내 총생산에서 미국 평균과의 격차가 조금씩 커져 가고 있습니다. 미국 경제가 회복을 거듭하면서 미국의 1인당 국내 총생산이 상승하는 반면, 산타페는 1인당 국내 총생산이 4만 5천 달러 이하로 감소하고 있는 것이 문제입니다. 이러한 문제를 인식하고 산타페는 도시의 경제적 안정성을 유지하면서 시민들에게 더 나은 삶의 질을 제공하기 위해 기반시설과 산업 활동에 지속적인 재원을 투입하였습니다. 고유한 문화와 예술적 자원을 살려 내면서 동시에 경제적인 측면에서도 산타페는 도시의 지속 가능성을 높여 나가고 있습니다.

푸에블로 인디언의 건축 유산 '어도비'

어도비 건축

　푸에블로의 아메리카 인디언들은 천 년 이상이라는 오랜 역사를 가진 도자기, 직물, 보석 제작 등의 예술적인 전통을 자랑합니다. 17세기에는 스페인 정착민들이 스페인과 멕시코에서 가져온 예술적 전통과 결합하였고, 20세기 초에는 미국 동부 해안에서 온 화가와 작가들의 창조적 역량이 결합되어 풍부한 문화의 태피스트리[45])가 만들어졌습니다UNESCO, 2009. 이러한 문화의 중심에는 어도비 건축 양식이 대표적으로 나타납니다. 푸에블로 인디언이 사용한 뉴멕시코의 건축 재료와 기후적 특성을 고려하여 탄생한 어도비 건축물은 세계적으로 중요한 문화유산으로 인정받습니다. 산타페의 건축은 '푸에블로', '지방적Territorial', '북부 뉴멕시코' 이렇게 세 가지 주요 스타일을 기반으로 합니다. 푸에블로 스타일은 대부분 단층 구조로 아메리카 인디언 어도비 건물과 스페인 진흙 벽돌 교회에 사용되었으며, 산타페의 명소로는 옛 총재의 관저인 '팔러스 오

---

45) 여러 가지 색실로 그림을 짜 넣은 직물. 또는 그런 직물을 제작하는 기술.

브 더 거버너스[Palace of the Governors in Santa Fe]', 플라자 안의 '라 폰다[La Fonda]' 그리고 '뉴멕시코 예술 박물관[New Mexico Museum of Art]' 등이 있습니다. 지방적인 스타일은 푸에블로 스타일과 공통점을 가

어도비 형태의 산타페의 호텔 '라폰다[La Fonda]'

지고 있지만, 한편으로는 독자적인 특징을 갖추었습니다. 날카로운 모서리의 벽, 벽돌 지붕 주위의 벽돌 갓돌, 정돈된 나무 창문과 같은 요소들로 특징지어지는 스타일로 도시 내 주요 건축물에서 보입니다. 북부 뉴멕시코 지역의 초기 정착민들은 푸에블로 스타일의 주택에 경사진 지붕을 추가하였는데 지붕과 가정을 자연재해로부터 보호하고자, 이러한 형태가 형성되었습니다. 이 스타일은 카뇨로드 파 체코 거리의 핑크 교회 아트센터에서도 볼 수 있습니다[Santafe, 2015]. 또한, 플라자 안에 위치한 성 프란시스 대성당은 기존의 어도비 형태의 교회를 해체하고 17세기의 석회암 블록으로 새롭게 건축된 로마네스크 양식의 건축물입니다. 이 건축물은 유럽 문화와 푸에블로 스타일을 융합한 뛰어난 예시로, 플라자 안에서 역사와 문화의 다양한 측면을 함께 보여 줍니다.

이처럼 산타페의 건축 문화는 다양한 문화적 영향과 역사를 반영하고 있으며, 도시의 아름다움과 독특함을 더욱 부각시키는 역할을 하였습니다. 어도비 건축 양식은 산타페를 독특한 문화와 아름다움의 중심지로 만들어 주며, 방문객들에게 특별한 경험을 선사합니다.

창조계급의 활동 공간, 캐년 로드와 다운타운

미디어, 영화, 디자인 분야에서의 급격한 성장과 함께, 도시는 250개 이상의 독립적인 아트 갤러리와 8개의 박물관, 국제적으로 손꼽히는 공연 예술 단체들로 가득합니다. 이러한 박물관과 갤러리는 역사적인 문화유산이 풍부한 산타페의 창조적인 예술 활동의 산실이 되었고, 도시를 예술과 문화의 중심지로 만들어 주었습니다.

UNESCO[2009]의 보고서에 따르면, 산타페의 캐년 로드[Canyon Road], 다운타운[Downtown] 그리고 레일 야드[Railyard]를 포함한 2평방 마일 지역에 250개 이상의 갤러리가 분포하는 것으로 파악되었습니다.

캐년 로드에 자리한 갤러리

특히 캐년 로드에는 거의 80개의 갤러리가 밀집되어 있어 세계적인 아트 갤러리의 중심 지역으로 손꼽힙니다. 이곳은 예술과 창작의 영감을 주는 곳으로서 미국 내에서는 뉴욕과 로스앤젤레스에 이어 세 번째로 큰 미술 시장을 형성합니다[Santafe, 2015].

다운타운 지역은 산타페의 순수한 미술 활동의 중심지로, 뉴멕시코 컬렉션의 일부로 포함된 네 개의 박물관 중에서도 뉴멕시코 역사 박물관New Mexico History Museum과 뉴멕시코 예술 박물관New Mexico Museum of Art이 플라자에 자리합니다. 또한, 20세기 현대 화가 조지아 오키프Georgia O'Keeffe의 작품과 그녀를 기리는 조지아 오키브 박물관Georgia O'Keeffe Museum 또한 이곳에서 발견할 수 있습니다.

산타페에서 원주민 예술은 단순한 창작 활동을 넘어서 이 도시의 정체성과 문화적 심장을 구성하는 중요한 요소입니다. 이 예술은 도시 곳곳에서 생동감 있게 표현되는데, 특히 주지사 관저 현관 아래 위치한 중앙 스테이지에서 매일같이 원주민 예술가들이 직접 만든 보석류를 선보이고 판매하는 모습을 통해 가장 잘 드러납니다. 이러한 직접적인 판매는 예술가와 관람객 사이의 소통을 가능하게 하며, 예술 작품을 통한 문화적 대화의 장을 마련합니다.

산타페의 여러 갤러리와 박물관에서도 이 원주민 예술은 중요한 자리를 차지합니다. 니만 파인아트Niman Fine Art, 골든 다운 갤러리Golden Dawn Gallery, 러시아 아트 갤러리The Russian Art Gallery 그리고 인도 여성의 팝리타 벨라드 박물관Pablita Velarde Museum과 현대 원주민 예술 박물관Museum of Contemporary Native Arts 등은 원주민 예술의 다양한 면모를 선보이며 관람객들에게 아메리카 인디언 예술가들의 독창적이고 현대적인 작품을 감상할 기회를 제공합니다. 이러한 공간들은 예술가들의 창작물을 자랑스럽게 전시하면서 동시에 원주민 문화의 보존과 발전에 기여합니다.

또한, 뉴멕시코 예술 박물관의 일환으로 운영되는 주 의사당 주지사의 갤러리는 현대 뉴멕시코 예술가들의 작품을 중점적으로 소개하는 곳으로, 매년 여섯 차례의 전시를 통해 여러 종류의 현대 예술 작품을 선보입니다. 주 의사당 아트 컬렉션은 회화, 조각, 섬유 예술, 유리 작품, 세라믹 등 다양한 미디어로 구성된 약 600점의 작품을 보유하고 있으며, 이는 산타페가 예술적 다양성과 아름다움의 중심지로서의 역할을 훌륭히 수행하고 있음을 보여 줍니다.

또한, 산타페 커뮤니티 갤러리는 커뮤니티 컨벤션 센터 내에 자리하고 있어, 산타페의 예술가들이 자신의 작품을 전시하고 판매하는 공간으로 활용됩니다. 이곳에서는 산타페 예술가들의 다양한 작품을 감상하고 구매할 수 있으며, 이곳은 도시의 창작자들을 응원하고 지원하는 소중한 장소 중 하나입니다.

산타페는 과거와 현재, 예술과 문화의 아름다운 융합체로서 그 특별한 매력을 계속하여 세계에 발산합니다. 이곳은 창조적인 예술가들과 예술 애호가들을 위한 진정한 낙원으로, 역사와 예술의 만남을 통해 살아 숨쉽니다.

캐년 로드는 1962년, 이 도시를 빛내는 예술과 공예의 보고로서 지정되었습니다. 이곳에는 전통과 역사가 공존하는 흙벽돌로 만들어진 집들이 있는데, 이 집들은 아메리카 원주민 예술과 동시대의 미술을 감상할 수 있는 특별한 갤러리로 변모했습니다. 그중에서도 벤타나 미술Ventana Fine Art, 캐년 로드 현대 미술Canyon Road Contemporary Art, 갤러리 901Gallery 901, 메이어 갤러리Meyer Gallery, 마크 화이트 파인 아트Mark White Fine Art, 윌리엄 & 조셉 갤러리The William & Joseph Gallery 그리고 바바라 메이크레 미술Barbara Meikle Fine Art 등이 특별한 예술작품들로 가득한 장소입니다.

레일 야드에 위치한 'SITE SantaFe'는 1995년 문을 연 이래 현대 예술의 창고 역할을 해 왔습니다. 이곳은 현대 예술 작품들을 최첨단 전시 공간에서 감상할 수 있는 곳으로, 예술의 진보와 현대성을 추구하는 이들을 매료시킵니다.

뮤지엄 힐^{Museum Hill}은 이 도시의 예술적인 보물들이 모여 있는 곳으로, 스페인 식민 예술 박물관^{Museum of Spanish Colonial Art}, 윌라이트 박물관^{Wheelwright Museum}, 국제 민속 박물관^{Museum of International Folk Art}, 인도 예술 문화 박물관^{Museum of Indian Arts & Culture and Laboratory of Anthropology} 그리고 산타페 식물원^{The Santa Fe Botanical Garden} 등이 아름다운 작품들을 자랑합니다.

더불어 도시는 예술을 거리의 곳곳으로 가져오기 위해 1896년에 법률을 제정하여 70개 이상의 공공 예술을 설치하였습니다. 지역 예술가들은 시의 건축물, 공공 공원, 심지어 산타페의 교통 시스템까지 위탁하여 작품을 제작했습니다. 이러한 공공 예술 프로젝트는 산타페 지역 예술가들의 역량을 과시하며, 이 도시의 다양한 예술적 역동성을 대표합니다.

예술 감상뿐만 아니라 예술가가 작품을 직접 창조하고 이를 관람객들과 나누는 활동이 활발하게 진행됩니다. 작품들은 적극적으로 판매되며, 예술의 생생한 현장을 체험할 수 있는 공간이기도 합니다. 산타페는 단순한 관람을 넘어 예술과 예술가 그리고 관람객들 사이의 상호 작용을 존중하며 살아 있는 예술을 만들어 갔습니다. 산타페는 단지 예술을 향유하는 장소를 넘어서, 예술을 통해 지역 사회의 정체성을 탐색하고 발전시키는 데 있어 중심 역할을 하고 있습니다. 특히 산타페의 원주민 예술은 이 지역의 문화적 유산과 현대성이 어우러진 독특한 표현의 한 형태로, 산타페의 예술적 풍경을 더욱 풍부하고 다채롭게 만듭니다.

현대 원주민 예술 박물관

산타페의 전통 공예와 문화예술

창조적인 역량이 넘치는 예술가와 창조계급이 지식과 예술 문화의 영역을 빛냅니다. 산타페는 예술가, 상상력 넘치는 기업 그리고 다양한 방문자들로부터 영감을 받아 독특하고 풍요로운 미학적 전통을 형성하며 문화 산업의 중심지로 성장하였습니다.

이 도시는 초기 푸에블로 인디언과 멕시코 토착 주민들의 상품과 아이디어, 노하우에 강한 뿌리를 두었습니다. 전통적인 민속 예술 산업은 도자기 제작, 직물, 바구니 만들기, 구슬 작품, 보석, 나무 조각, 주석 등 다양한 형태로 발전하였습니다. 또한, 커뮤니티 기반의 전통적인 삶이 문화생활의 기반을 형성합니다. 산타페는 미국 내에서 창조 산업이 가장 발전한 도시 중 하나로 꼽힙니다.

렌식 예술 센터 Lensic Performing Arts Center

뉴멕시코의 비즈니스 경제 연구소가 2007년에 실시한 연구에 따르면, 산타페는 문화 기업의 밀집도와 경제적 기여도 면에서 주목할 만한 지표를 보입니다. 이 연구는 산타페 커뮤니티가 인구 대비 높은 수의 문화 기업을 보유하고 있으며, 이들 기업이 매년 약 1억 1천만 달러의 경제 활동을 창출한다고 밝힙니다. 더불어, 예술과 문화 산업에 종사하는 근로자는 약 1만 2천 명에 달하며, 이로 인해 발생하는 세입은 약 10억 달러에 이릅니다. 특히 예술가로서 활동하는 인구가 2,625명에 달하는 것은 미국 내 다른 도시들과 비교해 봤을 때도 매우 높은 수치로, 산타페가 예술과 문화 산업에 있어 중심지 역할을 하고 있음을 나타냅니다.

산타페는 이러한 경제적 기여도에 걸맞게 다양한 문화예술 활동을 지원하고 적극적으로 개최함으로써 예술의 중심지로서의 정체성을 더욱 공고히 합니다. 클래식 음악, 오페라, 재즈 등을 포함한 다양한 장르의 공연이 연중 끊임없이 이어지며, 특히 렌식 공연 예술 센터는 음악, 무용, 전통 및 현대 문학 이벤트가 열리는 주요 장소로서 문화적 즐거움을 제공합니다. 또한, 유럽과 뉴욕 메트로폴리탄 오페라에서 활약하는 세계적인 가수들을 유치하여 개최되는 야외 산타페 오페라는 이 도시가 국제적으로 인정받는 예술 행사를 성공적으로 주최할 수 있는 능력을 지니고 있음을 보여 줍니다. 도시는 예술과 문화 산업에서뿐만 아니라, 경제적 차원에서도 상당한 영향력을 행사하고 있으며, 이는 산타페를 방문하는 국내외 관광객들에게 풍부한 문화적 경험을 제공하는 기반이 됩니다.

미국 뉴멕시코 대학의 비즈니스 경제 연구소가 2014년에 발표한 연구 결과는 산타페가 예술과 문화 산업에 있어 미국 내에서 독특한 위치를 차지하고 있음을 보여 줍니다. 이 연구에 따르면, 산타페에서는 보석 및 금속 관련 직업을 제외한 문화예술 직군이 노동 인구의 약 6%를 차지하고 있으며, 특히 예술가, 시각 예술가, 공연 예술가 등 창조적인 예술가들이 높은 비율로 집중되어 있는 것으로 나타났습니다. 이러한 집중도는 예술가들이 산타페의 고용 구조와 경제적 기반에서 매우 중요한 역할을 하고 있음을 시사합니다. 또한, 이들의 평균 소득이 약 2만 5천 달러로, 조사된 미국 내 69개 도시 중에서 11위에 해당하는 것은 산타페가 예술가들에게 상대적으로 안정적이고 높은 수익을 보장하는 환경을 제공하고 있음을 의미합니다.

자영업 형태로 활동하는 예술가들이 미국 평균보다 높은 소득을 창출하고 있다는 사실은 산타페가 창조계급에게 유리한 조건을 제공함으로써 예술과 문화 산업의 성장을 촉진하고 있음을 더욱 강조합니다. 이러한 경제적 여건은 예술가들에게 창작 활동에 전념할 수 있는 기회를 제공함과 동시에, 창조적 역량을 지속적으로 개발하고 시장에 적응하는 능력을 키울 수 있는 환경을 마련해 줍니다.

산타페가 예술과 창조성이 번성하는 도시로서 자리매김할 수 있었던 원인으로는 단순히 예술가들의 고용과 그들의 소득 수준에만 국한되지 않습니다. 이 도시는 문화와 경제의 조화로운 발전을 통해 예술가와 창조계급에게 풍요로운 기회의 장을 제공하며, 이를 통해 지속 가능한 예술과 문화 산업의 생태계를 구축합니다.

산타페 커뮤니티 칼리지와 경제개발주식회사

산타페는 미래의 희망, 양질의 교육 그리고 뛰어난 전문가로의 발판을 제공합니다. 이 작은 도시에서는 큰 변화가 일어나고 있습니다. 산타페 커뮤니티 칼리지Santa Fe Community College, SFCC를 중심으로 우리의 젊은이들에게 교육의 문을 열어 줍니다. 도시의 계획은 산업의 미래를 위한 새로운 교육 과정을 개발하고 구현하는 데 큰 역할을 하였습니다.

먼저, SFCC 내에 위치한 지속 가능한 환경 센터는 에너지와 물의 지속 가능한 사용에 대한 중요성을 인식시키는 데 핵심적인 역할을 수행합니다. 이 센터에서는 단순히 학점을 부여하는 과정을 넘어서, 물 절약 기술, 지속 가능 에너지 및 신재생 에너지 기술, 실내 라돈 문제, 지구 대기의 건강 그리고 바이오매스 등에 대한 다양한 직업 훈련 프로그램을 제공하여 지역 사회와 학생들에게 실질적인 기술과 지식을 전달합니다. 이러한 프로그램은 학생들이 해당 분야에서 전문가로 성장할 수 있는 토대를 마련해 줄 뿐만 아니라, 더 넓은 사회적 맥락에서 지속 가능한 발전을 추구하는 산타페의 비전을 반영합니다.

산타페 커뮤니티 칼리지^{SFCC}는 예술 및 미술 분야에서 학생들에게 창의적 역량을 개발할 수 있는 다양한 기회를 제공하는 것으로 알려졌습니다. 특히 갤러리 매니지먼트 프로그램 및 예술 학위 과정을 통해, 학생들은 갤러리 운영, 판매 기술, 전시 설치 및 관리, 아트 컬렉션 관리, 웹 디자인, 큐레이팅 등 다양한 분야에서 실무적인 경험을 쌓으며 예술 분야에서의 전문성을 키웁니다. 이러한 교육 과정은 학생들이 미술관과 박물관뿐만 아니라, 광범위한 예술 산업에서 필요로 하는 다양한 역량을 개발하도록 돕습니다.

환대 산업 분야에 대한 SFCC의 투자도 주목할 만합니다. 요리 연구소 프로그램의 확대와 환대 교육 파일럿 프로그램의 시작은 학생늘이 산타페의 환대 산업에서 필요로 하는 실질적인 기술과 지식을 습득하게 하여, 이 분야에서의 성공적인 경력을 준비시킵니다. 이러한 프로그램은 산타페 지역 경제의 중요한 부문인 환대 및 관광 산업에 우수한 인재를 공급하는 데 중요한 역할을 할 것입니다.

더불어, 산타페 커뮤니티 칼리지와 산타페 공립학교 간의 협력을 통해 설립된 직업 훈련 센터는 교육의 접근성을 높이는 데 기여합니다. 이 센터는 고등학생들에게는 낮 시간 동안, 성인 학습자들에게는 일과 후에 다양한 직업 훈련 프로그램을 제공함으로써, 학습자들의 다양한 필요와 일정에 맞춘 유연한 교육 기회를 제공합니다. 특히 건축가, 인테리어 디자이너, 조경 건축가 등을 위한 전문 평생교육 학점제 프로그램은 해당 분야 전문가들이 최신 지식과 기술을 습득하여 자신의 능력을 발휘해 나갈 수 있도록 지원합니다.

이러한 교육 프로그램과 투자는 SFCC가 학생들과 지역 사회에 제공하는 가치를 분명히 보여 줍니다. 이는 학생들이 자신의 전문성을 발전시키고, 산타페 지역의 다양한 산업에서 중요한 역할을 할 수 있도록 준비하는 데 중점을 두고 있음을 보여 줍니다.

산타페 경제개발주식회사^{Santa Fe Economic Development, Inc., SFEDI}는 지역 발전과 협력의 중심축으로서 산타페 지역 사회에 중요한 기여를 합니다. 이 기구는 인력 개발 활동과 자원 관리를 통합하고 조화롭게 이끌며, 산타페에 새로운 가능성과 희망의 미래를 제시합니다. 특히 SFEDI가 설립한 노동자 동맹^{Workforce Alliance}은 지역 사회 내에서 인력 개발 업체 간 협력을 촉진하는 중요한 플랫폼으로 기능하며, 매월 다양한 이해관계자들이 모여 협력하고 아이디어 공유의 장을 마련합니다. 이 회의에는 중등 및 고등 교육 기관, 인력 개발 기관, 비영리 단체, 정부 기관, 기업 대표들이 참여하여, 산타페의 노동 인력 개발을 위한 협력적 접근 방식에 대한 논의와 열정을 공유합니다. 이러한 다각적인 협력은 산타페의 미래를 밝고 희망적으로 조명하며, 지역 경제와 사회에 새로운 동력을 부여합니다.

이러한 SFEDI의 활동은 산타페를 성장과 번영의 중심지로 만들기 위한 지속적인 노력을 보여 줍니다. 산타페의 미래를 위한 열망과 함께, 지역 사회의 협력과 열정을 바탕으로 지속 가능한 발전을 이끌어 가는 데 중추적인 역할을 합니다. SFEDI의 활동은 산타페가 미래 지향적인 성장과 발전을 추구하는 과정에서, 지역 사회 내 다양한 주체들 간의 협력이 얼마나 중요한지를 잘 보여 주며, 이는 지역 경제의 활성화와 사회적 연대감 강화에 기여합니다.

페스티벌과 피에스타로 만든 창조 관광

산타페, 이 작은 마을은 다채롭고 창조적인 관광 프로그램을 펼치며 세계 각지의 외국인 방문객들을 마음껏 유혹합니다. 이 도시는 유네스코의 창의 도시로서 국가 간의 네트워크를 통해 국제적인 협력을 강화하고 있으며, 문화와 예술의 중심지로서 그 빛나는 역할을 수행합니다.

산타페 기념물을 구입하기 위해 상점을 찾은 방문객들

산타페는 작지만 축제의 도시로서 매년 40개가 넘는 축제와 피에스타^{파티 또는 축제를 의미하는 스페인어 단어}를 개최합니다. 이 중에서도 특히 1712년부터 이어져 온 산타페 피에스타^{Santa Fe Fiestas}는 도시의 평화로운 시절을 기념합니다^{Jeffrey Mitchell et al. 2014:45}. 여름에는 산타페 챔버 뮤직 페스티벌과 봄가을에는 산타페 심포니 오케스트라 & 코러스, 4월과 8월에는 퍼포먼스 산타페가 열립니다. 아시시의 성 프란체스코 성당에서는 여름과 겨울에 산타페 사막 합창이 연주됩니다. 7월에는 뉴멕시코 재즈 페스티벌이 열리며, 노동절 가까이에는 산타페 블루그래스와 올드타임 음악 축제가 열립니다. 또한, 10월에는 산타페 독립 영화제와 산타페 예술 축제의 다채로운 예술, 음악, 영화 이벤트가 도시 전역에서 진행됩니다.

이러한 축제들은 산타페의 시장을 활성화시켰고, 방문객들도 점차 증가했습니다. 산타페 스페인과 인디언 시장은 매년 높은 수익을 창출하며 방문객들을 매료시킵니다. 특히, 산타페 인디언 시장은 1922년부터 시작하여 1,100여 명의 예술가가 이틀 동안 야외에서 작품을 판매하며 10만 명 이상의 관객을 유혹하였습니다. 2004년부터 국제 민속 시장을 통해 47개국에서 160여 명의 예술가가 참여하였으며, 2008년에는 평균 부스 판매액이 130만 달러에 달하여 전체 시장 매출이 2백만 달러를 돌파하였습니다[UNESCO, 2019:1-2]. 산타페는 더 큰 무대로 확장되고 있으며, 문화와 예술의 유산을 세계에 자랑스럽게 전파하며 지역 경제와 예술 커뮤니티에 새로운 에너지를 불어넣고 있습니다.

미국 뉴멕시코 대학의 비즈니스 경제 연구소[UNM Bureau of Business & Economic Research, 2014]에 의하면, 산타페의 관광 산업은 문화예술 자산 시장에 집중되어 있으며, 이 지역의 문화 자산을 즐기는 방문객들의 평균 연령이 57세 이하로 낮아지는 추세입니다. 이는 산타페가 젊은 세대의 관심을 끌고 있음을 시사하며, 문화예술에 기반한 관광 활동이 폭넓은 연령대에 걸쳐 호응을 얻고 있음을 나타냅니다. 또한, 관광 활성화를 위한 자금이 봄과 가을에 조성되고 있다는 점은 비수기 동안의 관광 촉진에도 중점을 두고 있음을 의미합니다.

산타페 예술위원회는 관광 홍보를 위해 60만 달러를 투자하고 있으며, 이는 잠재적 관광객들에게 산타페의 문화예술 자산을 널리 알리기 위한 노력의 일환입니다. 특히, 매년 3월에 'DIY 산타페: 창의적인 관광 여행^{DIY Santa Fe: A Creative Tourism Journey}'이라는 스페셜 프로그램을 개최하여 지역 예술가들을 위해 무료 워크숍, 수업, 일대일 상담 등 전문적인 개발 기회를 창출하며^{Jeffrey Mitchell et al, 2014:68}, 지역 문화예술 생태계를 활성화하고 방문객들에게 창의적인 체험 기회를 제공합니다.

산타페는 단순한 관람에서 벗어나 방문객들에게 인터랙티브한 예술 경험을 제공함으로써 유네스코 창의 도시로서의 지위를 더욱 강화합니다. 예술 수업은 야외에서 실시되는 사진 제조술과 외광 풍경화 등을 포함하여 종이 만들기부터 유리 세공, 플라멩코 춤, 보석 제작에 이르기까지 300개 이상의 예술 분야를 아우릅니다. 이러한 다양한 예술 활동은 전문 강사들에 의해 제공되며, 창작 과정에 직접 참여함으로써 방문객들에게 더욱 깊이 있는 문화예술 체험을 가능하게 합니다. 이러한 접근 방식은 산타페가 관광 산업을 통해 경제적 활성화와 문화예술의 지속 가능한 발전을 도모하고 있음을 보여 줍니다.

산타페의 행사 중 춤을 추는 아즈텍 무용수들

미래를 준비한 세계의 도시들 2

2008년 공예 및 미술 분야에서 유네스코 창의 도시로 지정된 산타페는 이로 인해 국제적인 차원에서 상당한 인정을 받게 되었습니다. 이 지정은 산타페가 다른 유네스코 창의 도시들과 협력하여 국제적 네트워크를 구축하고, 문화와 예술을 통한 창조적인 관광 개발에 대해 논의하며 국제 교류를 강화할 수 있는 기회를 제공했습니다. 특히, 산타페 국제회의를 주최하여 16개국에서 200개 이상의 대표단이 모여 창조적 관광 개발에 관한 새로운 아이디어와 방법을 모색한 것은 이 도시가 국제적인 문화예술 커뮤니티에서 중요한 역할을 하고 있음을 보여 줍니다.

유네스코 창의 도시로서의 지위는 산타페가 예술과 창조성을 중심으로 지역 사회와 함께 더욱 빛나는 미래를 창조해 나가는 데 기여하고 있음을 의미합니다. 이는 단순히 문화예술 분야에서의 성과를 넘어, 도시의 지속 가능한 발전과 국제적인 협력 증진에 있어 중요한 이정표를 제시합니다. 산타페가 창조적인 관광을 유치하고, 국제적인 협력을 통해 미래를 준비하는 과정에서, 예술과 창조성이 지역 사회 발전과 국제적 소통에 얼마나 중요한 역할을 할 수 있는지를 잘 보여 줍니다.

비전 제로의 스마트 도시

산타페는 지속 가능한 도시 발전, 혁신, 경제 성장을 강조하는 비전을 수립하고, 스마트 도시로의 변화를 기본 전략으로 추진하였습니다. 산타페의 스마트 도시 전략은 시민과의 협력과 참여에 기반하였습니다. 도시는 스마트 도시 프로젝트에 대한 시민들의 의견을 적극적으로 수용하면서 도시 문제를 해결해 나갈 수 있었습니다. 또한 데이터 보안 및 개인 정보 보호에 대한 엄격한 정책과 기술적인 조치도 함께 시행하며 시민들의 정보를 안전하게 보호하였습니다.

스마트 도시 전략에서 산타페는 기본적으로 첨단 기술을 기반으로 한 디지털 인프라 구축에 중점을 두었습니다. 지식 정보 산업 기반의 혁신 지구 내에 정보 통신, 교통, 에너지 등 수많은 빅데이터가 기반이 되어 스마트 도시를 이끌었습니다. 공공장소와 건물에 스마트 센서를 설치하여 데이터를 수집하고, 이를 분석하기 위한 스마트 시티 플랫폼을 구축하면서 혁신적인 서비스와 솔루션을 개발하고 제공할 수 있는 토대가 되었습니다. 이 플랫폼을 통해 도시 내 다양한 센서 및 사물인터넷 디바이스에서 수집된 데이터를 통합하고 분석하여 도시 운영 및 서비스를 개선해 나갈 수 있었습니다.

일찍부터 산타페는 교통 환경을 개선하고 환경을 보호하기 위해 스마트 모빌리티를 도입하였고, 공공 운송 시스템을 확충 및 디지털화시켜 나갔습니다. 자율 주행 자동차 시범 프로젝트와 공공 교통 개선을 통해 스마트 모빌리티 도시로의 전환을 추진하였습니다. 스마트 도시로의 전환 과정에서는 신재생 에너지로의 전환과 에너지 효율성 확대도 전략의 중점으로 추진해 나갔습니다. 도시는 태양광 발전소와 풍력 발전소를 활용하여 재생 가능 에너지의 비중을 높이고, 건물 및 도시 인프라의 에너지 효율을 향상시켰습니다.

산타페의 스마트 도시 전략은 혁신과 지속 가능성에 기반하며 이를 토대로 시민들의 삶의 질을 향상시키는 데 주력합니다. 이를 위해 데이터를 기반으로 한 지속적인 평가를 통해 프로젝트의 효과를 모니터링하고, 문제를 개선하고 해결해 나가면서 도시의 지속 가능성을 더욱 높였습니다.

결론: 산타페의 지속 가능성 평가

산타페는 위기를 인식하고 문제를 해결하고자 정책을 펼쳐 나갔던 시 당국의 노력, 어도비를 바탕으로 한 풍부한 문화적 유산, 푸에블로 인디언과 스페인, 미국인들의 문화적 융합, 창조적 예술 문화인들의 도시 유입, 창조적 교육 환경 조성, 갤러리·박물관 조성 및 문화예술 공연의 확대, 역동적인 관광 산업의 육성 등을 통해 도시의 미래를 준비하였습니다. 산타페가 미래 도시의 모델로 선도적 위치에 설 수 있었던 배경과 전략, 실천 등을 정리해 보면 다음과 같습니다.

첫째, 산타페는 1950년대부터 법률을 통해 도시 건축 문화를 유지시켜 나갈 수 있었으며, 1990년대 시의 경제적 위기를 의회와 시 당국에서 적극적으로 대처하고 도시의 창조 환경을 조성해 나가며, 경제 위기와 인구 감소 문제를 해결할 수 있었습니다. 당시 산타페는 전통적인 어도비 양식 건축물 보존을 법적으로 의무화하면서 독특한 도시 이미지를 구축하였습니다. 1990년대에 들어서 경제적 불황과 인구 유출이라는 어려움에 직면한 산타페는 관광 산업을 중심으로 경제를 재편했습니다. 시 당국은 예술과 문화 산업을 장려하고, 예술가 커뮤니티와의 협력을 통해 도시 전반의 문화적 풍요를 더욱 강화하는 정책을 펼쳤습니다. 이를 통해 산타페는 예술과 역사적 유산을 기반으로 한 관광 중심지로 자리 잡게 되었고, 도시의 장기적인 성장 기반을 마련했습니다.

둘째, 푸에블로 인디언, 히스패닉 등 다양한 인종을 기반으로 한 산타페의 높은 관용성은 창의적 아이디어와 문화적 풍요가 넘치는 도시로 이끄는 원천이 되었습니다. 다양한 문화적 융합을 통해 도시는 전통적인 어도비 건축 양식을 보존하면서도 이를 현대적인 디자인과 예술, 건축에 적용하는 독특한 도시 경관을 구축할 수 있었습니다. 특히, 산타페의 예술과 건축 분야는 다양한 문화적 배경을 가진 예술가와 건축가들이 협력하며 새로운 창작의 장을 열었습니다. 이로 인해 산타페는 예술적 혁신과 전통의 공존이라는 독특한 도시 정체성을 확립하게 되었고, 2005년 유네스코 창의도시로 선정될 수 있었습니다. 이러한 다문화적 협력과 융합은 산타페가 문화적으로 융성하는 기반이 되었으며, 도시의 지속 가능한 발전에 중요한 역할을 했습니다.

셋째, 전통과 현대의 조화 속에서 지역 장인들은 지역 문화를 바탕으로 삶의 기반을 마련할 수 있었고, 이런 도시에 매력을 느낀 문화예술 분야의 창조계급이 유입되면서 소규모 갤러리를 중심으로 한 창조적 환경이 조성되었습니다. 이를 통해 산타페는 독특한 문화적 중심지로 부상하였고, 예술과 공예의 전통이 더욱 강화되었습니다. 특히, 인구 감소와 젊은 세대의 이탈을 막기 위한 산타페의 노력은 교육과 관련된 투자로 이어졌습니다. 시 당국은 젊은이들에게 예술, 공예, 디자인 분야에서의 양질의 교육 기회를 제공하며, 이들이 지역 사회 내에서 창조적 역량을 발휘할 수 있도록 지원했습니다. 또한, 창업 지원 프로그램과 지역 내 네트워크를 통해 젊은 예술가와 장인들이 자리를 잡을 수 있는 환경을 조성함으로써, 도시의 창조적 인프라가 지속적으로 발전하고 있습니다. 이는 산타페가 지속 가능한 도시로서 성장하는 데 중요한 역할을 하였습니다.

넷째, 산타페 피에스타를 중심으로 다양한 축제를 개최하고, 수준 높은 문화예술 공연을 진행해 도시민의 문화적 수준을 높이며, 방문객들을 자극할 수 있었습니다. 산타페 피에스타는 300년 이상의 역사를 자랑하며, 지역의 스페인 문화와 푸에블로 전통을 기념하는 중요한 행사로 자리 잡았습니다. 이를 통해 지역 주민과 관광객 모두가 산타페의 독특한 역사적, 문화적 유산을 체험할 수 있었습니다. 또한, 산타페는 이러한 전통 축제 외에도 다양한 예술 축제, 음악 공연, 연극 등 문화적 행사를 연중 개최하여 도시를 활기차게 만들었습니다. 이 과정에서 도시민들은 더 높은 수준의 문화적 경험을 접할 수 있었고, 방문객들에게는 잊지 못할 문화적 체험을 제공했습니다. 특히, 체험형 프로그램과 지역 장인들이 참여하는 워크숍 등은 창조 관광을 활성화하는 데 큰 기여를 했습니다. 이는 산타페가 지속 가능한 관광지를 넘어, 문화적으로도 풍부한 도시로 자리매김하는 데 중요한 요소가 되었습니다.

그러나 도시는 풍부한 문화유산과 예술적 전통을 바탕으로 관광 산업을 발전시켜 왔음에도 불구하고 최근 몇 년간 관광 산업에서 상당한 어려움에 직면하였습니다. 코로나19 팬데믹 동안 많은 관광지가 문을 닫았고, 여행 제한으로 인해 외부에서 유입되는 관광객 수가 급감했습니다. 팬데믹이 끝난 후에도 예전과 같은 수준의 관광객 수를 회복하는 데 어려움을 겪으면서 도시의 관광 산업은 도전 과제가 되었습니다.

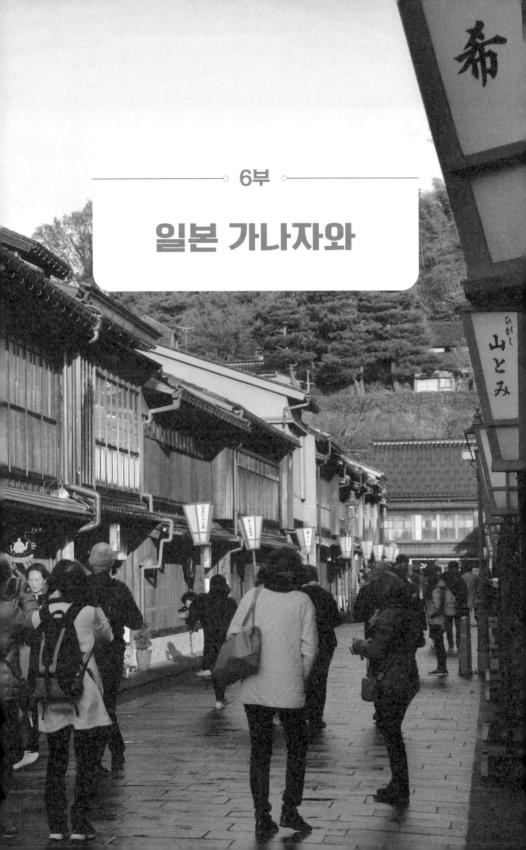

6부

일본 가나자와

도시 개관

가나자와의 위치

일본 혼슈의 중심에 위치한 이시카와현의 현청인 가나자와는 서쪽으로는 동해를 마주합니다. 도시는 사이가와강과 아사노강 사이에 자리하고 있으며, 아사노강 하류인 오노강의 하구에 가나자와항이 있어 교역과 어업의 중심지로 발전하였습니다. 면적은 약 467.77㎢, 인구 규모는 약 46만 명^{2024년 기준}으로 이시카와현뿐만 아니라 호쿠리쿠 지방의 경제와 문화의 중심 역할을 합니다.

가나자와시의 중심에 위치한 가나자와성 공원과 일본 3대 정원 중 하나인 겐로쿠엔은 도시의 미적인 아름다움을 대표합니다. 이들을 둘러싼 번화가와 상점가는 도시 생활을 즐기기에 이상적인 장소입니다. 이 가나자와시는 지방 대영주의 성읍으로 발전하여, 메이지유신 이후까지 일본 5대 도시 중 하나로 손꼽혀 온 오랜 전통을 자랑합니다. 심지어 제2차 세계대전 중에도 전쟁의 피해를 크게 입지 않아, 고유한 일본의 문화유산을 보존한 도시로 높이 평가받습니다.[46]

가나자와라는 지명의 유래에는 여러 전설이 있습니다. 그중 하나는 옛날에 사금을 씻던 이모호리토고로라는 사람이 습지를 '가네아라이사와金洗沢'라고 불렀다는 전설이고, 또 다른 이야기로는 현재의 겐로쿠엔 일대가 가나자와고金沢郷 혹은 가나자와노쇼金沢荘로 불렸던 것에서 유래했다고 합니다. 16세기 중엽, 가나자와는 불교 일향종이 번창했던 곳으로서 사원들이 이 지방을 지배하고 있었습니다. 그 후 1583년, 마에다 도시이에가 가나자와성에 입성하여 마에다 가문이 300년 가까운 기간 동안 이 지역을 통치하게 되었습니다.[47]

에도막부1603~1867년 시대, 가나자와는 인구가 10만 명 이상으로 불어난 번창한 도시였습니다. 이때 영주가 문치 정책을 펴면서, 학문과 공예, 다양한 문화가 여기에서 피어났습니다. 마에다 가문은 이 시기 동안 중앙 정권인 도쿠가와 바쿠후에게 가나자와에서의 주도적인 정책 실현을 허락받았습니다. 이 가문은 쌀 수확으로 얻은 부를 문화와 학문에 투자하면서, 가나자와 금박, 가가 유젠염색, 다도, 노가쿠, 가가요리, 화과자와 같은 전통 공예 및 문화를 후원했습니다. 이러한 문화유산은 오늘날까지도 가나자와를 풍성하게 만듭니다.

메이지 유신1868년 이후, 가나자와는 이시가와현의 현청 소재지가 되었으며, 호쿠리쿠 지역의 정치, 경제, 교육 그리고 문화의 중심지로 성장했습니다. 그러나 다른 대도시인 도쿄, 오사카, 나고야와 비교하여 공업 발

---

46) 가나자와 홈페이지(http://www4.city.kanazawa.lg.jp)

47) 가나자와 관광 웹사이트(http://www.kanazawa-tourism.com/)

달이 상대적으로 뒤처져, 일본 의 중심 도시에서 후퇴하게 되었습니다.

제2차 세계대전 이후에는 도쿄와 오사카, 태평양 지역으로의 공업 이전으로 인해 인구가 빠져나가면서 가나자와는 쇠퇴하게 되었습니다. 그럼에도 불구하고, 전쟁의 잔해를 피해 간 이 도시는 근대적인 건축물과 역사적인 거리가 조화롭게 공존하는 특별한 장소로 남게 되었습니다.

가나자와성

1980년대, 가나자와는 지역의 일본 전통 복장을 위한 하부타에^{하의 소재}를 기반으로 한 섬유 산업의 발전을 이끌었습니다. 이 섬유 산업의 성장은 기술 혁신과 함께 관련 기계 공업의 번영을 불러왔습니다. 가나자와는 장인 정신을 중심으로 한 전통적인 공예 산업과 오랜 역사를 가진 섬유 산업 그리고 혁신적인 자동화 기계 산업이 공존하며 발전하였습니다_{정원장, 2004}.

2015년에는 호쿠리쿠 신칸센(도쿄-가나자와)의 개통으로 가나자와로의 관광객 접근성이 한층 높아졌습니다. 또한 오사카까지 이어지는 호쿠리쿠 신칸센의 확장을 위해 주변 지역에서 재건축 작업이 진행 중입니다. '모테나시 돔'으로 불리는 가나자와역 동쪽 광장은 쓰즈미몬鼓門을 상징하는 건물과

겐로쿠엔

큰 우산 모양의 유리 돔으로 새롭게 재구성되었으며, 최근에는 대형 쇼핑몰의 등장으로 번화가로 변모하였습니다.

가나자와는 일본에서 독특한 매력을 지닌 도시로, 전통과 현대가 어우러진 다양한 명소로 유명합니다. 도시의 주요 관광지로는 일본에서 가장 아름다운 정원 중 하나로 손꼽히는 '겐로쿠엔', 에도 시대의 목조 건물이 보존된 '차야가이' 등이 있습니다. 현대 예술과 문화를 경험할 수 있는 공간으로 '가나자와 21세기 미술관', 지역 예술가들의 창작 활동과 다양한 예술 작품을 접할 수 있는 기회를 제공하는 '가나자와 시민예술 문화촌'과 '유와쿠 창작의 숲'이 있으며, 클래식 음악의 매력을 경험할 수 있는 '오케스트라 앙상블 가나자와'의 공연이 있습니다. 이처럼 가나자와는 과거의 전통과 현재의 혁신이 조화를 이루는 도시로, 방문객들에게 다채롭고 풍부한 문화예술 경험을 제공합니다.

가나자와역과 쓰즈미몬

히가시 차야가이東茶屋街

미래를 순비한 세계의 노시들 2

창조도시회의의 설립과 창조 도시 전략

가나자와는 창조성을 도시 성장의 주요 동력으로 인식하고, 이를 구현하기 위해 '창조도시회의'를 설립하며 도시의 지속 가능성을 높이는 놀라운 변화를 이루어 냈습니다. 이 도시의 창조 도시 전략은 창조도시회의를 중심으로 전개되었습니다.

이 회의는 1996년 가나자와의 전임 시장이 고문으로 활동하던 경제동우회의 제안을 기반으로 시작되었습니다. 21세기의 글로벌화 시대에 새로운 도시 정책의 방향을 제시한 이 회의에서는 아름다운 거리, 전통 예술, 공예를 통한 도시의 성장을 목표로 삼았습니다. 도시의 역사와 전통을 되돌아보고, '도시의 기억과 인간의 창조력'에 대한 고찰을 통해 초기 회의를 성공적으로 개최하였습니다. 2002년에는 가나자와 학회가 설립되었고, '아름다운 가나자와'를 이념으로 하는 도시 재생 계획이 제안되었습니다. 2005년 제3회 회의에서는 문화유산뿐만 아니라 근대의 산업유산과 경제 유산을 창조적으로 활용하는 방안에 대한 논의가 이루어졌습니다 사사키 마사유키·종합연구개발기구, 이석현 역, 2010. 창조도시회의를 통해 모든 시민들이 참여하고 아이디어를 제시할 수 있는 플랫폼이 마련되었으며, 이를 통해 가나자와는 창조적인 아이디어와 혁신으로 미래에 대비합니다.

가나자와 지방자치단체는 기업, 환경, 문화 부문의 다양한 조직들 간에 네트워크를 구축하여 활발한 상호 작용을 촉진하고 지속 가능한 발전을 이루어 나가기 위한 핵심 역할을 수행합니다. 이런 조직 구성은 도시 내에서 문화와 경제 사이의 긴장 관계와 상충 관계에 큰 영향을 미쳤습니다. 가나자와는 다양한 도시 문제에 대한 시민들과 지방자치단체의 공동 참여를 촉진하며, 다양한 대안을 직접 창출할 수 있는 계기를 마련합니다. 이런 방식으로 가나자와는 해외 연구자, 도시 주민, 지역 경제인, 행정 리더들이 참여하는 다양한 토론 플랫폼을 통해 창조적인 도시로 나아가는 전략을 실현합니다.

도시 재생정비계획사업은 도시의 역사, 문화, 자연환경과 같은 독특한 특성을 활용하여 창의적인 마을을 조성하는 데 주력해 왔습니다. 이러한 재생정비 계획은 계획 수립^{Plan}, 실행^{Do}, 평가^{Check} 그리고 개선^{Action}의 일련의 단계를 거치며 창조 도시로의 진화를 이끌어 냈습니다. 이를 통해 도시는 자생력을 키우며 지속 가능성을 높이는 데 기여하였습니다. 또한, 도시는 법적 근거가 없던 상황에서도 지속 가능한 개발을 위해 자주조례 형태의 법률을 제정하여 진전을 이루어 왔습니다. 이는 마치즈쿠리 조례 제정의 토대가 되었으며, 도시의 새로운 모습으로의 변화를 촉진하였습니다.

이러한 노력은 도시의 지속 가능성을 향상시키는 중요한 단서로 작용합니다. 도시는 역사와 문화를 존중하면서도 동시에 혁신과 지속 가능한 개발을 추진하여 도시의 미래를 밝게 모색합니다. 도시 재생과 조례 제정을 통해 지역 사회에 활력을 불어넣으며 도시의 변화를 주도합니다. 이러한 모델은 다른 도시들에게도 적용 가능한 가치 있는 사례입니다. 이러한 지속 가능성에 대한 노력은 도시와 지역 사회가 복잡한 도전에 대응하고 지속 가능한 솔루션을 찾는 방법을 제시하고 있으며, 미래 도시 개발의 방향성을 모색하는 데 중요한 역할을 합니다.

콤비나트에서 내발적 발전으로

가나자와시는 경제적 위기에 직면한 상황에서 창조적인 해결책을 찾아내어 일본의 도시 경제에 혁신을 가져왔습니다. 도시는 두 번의 세계 대전 이후, 도쿄의 중심지로부터 지방 도시로 전환되었습니다. 그리고 기업 도시로서의 역할을 수행하던 중, 독자적인 경제 기반을 구축하려는 노력을 기울였습니다.

1962년, 정부의 '신산업도시건설계획'에 따라 가나자와시는 초기에는 석유 콤비나트와 같은 대기업 중심의 외래 개발을 계획했지만, 예상과는 다르게 산업 도시로 분류되지 않았습니다. 그러나 이러한 실패는 독자적인 산업과 문화를 육성하는 데 필요한 토대를 마련하게 되었습니다. 1970년대 후반부터 1980년대 중반까지, 가나자와시는 여러 어려움에 직면했습니다. 주력 산업이었던 섬유 산업은 대형 위기를 겪었지만, 이 어려움을 극복하기 위해 독자적으로 섬유 관련 기계 공업을 발전시키는 과정을 거쳤습니다. 가나자와시는 지역 내 자원을 최대한 활용하여 경제 위기를 극복한 뛰어난 사례로 간주됩니다. 이러한 발전은 사사키 마사유키에 의해 "내발적 발전"으로 정의되었습니다^{사사키 마사유키, 정원창 역,} ²⁰⁰⁴. 가나자와시는 자신만의 독특한 경제 모델을 구축함으로써 지역 경제의 풍요로운 미래를 위해 노력하는 도시로서 여러 중소도시들의 모델이 되었습니다.

사사키 마사유키^{2001, 2003}의 연구에 따르면, 가나자와시의 도시 경제는 다섯 가지 주요 특징을 갖습니다. 이 도시는 대기업을 보유하진 않지만, 주요 공장들을 끌어들이며 지속적인 혁신을 추구하는 중견 및 중소기업들이 풍부하게 집약되었습니다. 이러한 기업들은 오랜 전통과 숙련된 장인의 기술을 기반으로 하며, 상호 자극을 통해 독립적인 도시 경제를 구축합니다. 또한, 가나자와시는 메이지 시대 이후 섬유 공업과 섬유 기계 공업이 서로 의존하여 발전해 왔습니다. 두 번의 세계대전 이후에도 섬유, 식품 관련 기계 산업, 출판 및 인쇄, 식품 및 의류 산업 등이 성장하며, 이러한 산업들은 전통 산업과 현대 하이테크 산업이 조화를 이루며 기술과 노하우를 축적했습니다. 그 결과, 45만 명의 인구를 가진 가나자와시는 다양한 산업 구조를 품게 되었습니다. 가나자와시는 지역 내 산업들 간의 독자적인 산지 시스템과 제조업 중심의 뛰어난 판매 및 유통, 금융 기능을 갖추었습니다. 이로써 균형 잡힌 2차 및 3차 산업의 도시 경제가 특징입니다. 더욱이, 내발적 발전을 추구하며 대도시의 영향을 받지 않았기 때문에 가나자와시는 전통 산업과 아름나운 사연 환경을 보존하면서도 풍족한 도시 생활을 제공합니다. 이러한 보전과 발전은 도시 경제와 구조에 급격한 변화를 피할 수 있었습니다. 가나자와시의 도시 경제 구조는 지역 간 다양한 연계를 통해 부가가치를 증가시키고 지역 내 경제 순환을 이루며, 중소기업들은 지속적인 혁신을 실현하고 식품, 음료 산업 및 다양한 서비스 산업을 개발하였습니다. 이뿐만 아니라, 지역 내 대학, 전문대학, 직업학교 및 학술 단체 등이 증가하며 높은 품질의 도시 문화 집중을 가져왔습니다. 이러한 문화적 자본으로 인해 도시 경제는 흑자로 유지됩니다. 또한 가나자와 대학과 지역 박물관 등이 연계되어 지역 학술 문화를 계승하고 발전시키며, 주민들의 자발적인 참여를 통해 지역 커뮤니티 활성화의 성공 모델이 되었습니다.

가나자와시는 내발적 발전을 통해 도시 경제와 주민의 삶의 질을 혁신적으로 향상시켰습니다. 이 노력으로 2001년에는 1인당 국내 총생산이 약 3만 3천 달러를 달성했고, 2007년에는 3만 5천 달러로의 성장

을 이루었습니다. 이어지는 2008년에서 2010년까지는 소득이 감소하
긴 했지만, 빠르게 회복하여 2012년에는 다시 3만 5천 달러를 기록했습
니다. 가나자와시는 지속적인 도시 경쟁력 상승의 결과로 2015년에는
1인당 국내 총생산이 3만 6천 달러로 급증했습니다. 이 도시는 내발적
발전을 주도적으로 추구함으로써 안전하고 높은 삶의 질을 갖춘 도시로
성장하였습니다. 가나자와시는 내발적 도시 경제와 주민 생활의 번영을
실현한 사례로, 도시 개발과 경쟁력 향상에 관한 중요한 교훈을 제시합
니다.

가나자와의 도시 안전

가나자와는 2013년, '가나자와 도시 아젠다'를 통해 삶의 질이 높은
창조 도시와 안전 도시의 꿈을 꾸었습니다. 이 도시는 활발한 도시 커뮤
니티를 조성하며, 유네스코 창의 도시 네트워크와의 협력을 강화하였습
니다. 도시 안전 시스템을 강화하여 천재지변에 대비하고, 시민들이 걱
정 없이 안전하게 살 수 있도록 도시를 개조했습니다. 이뿐만 아니라, 자
연과 공존하면서 에너지 소비를 줄이기 위한 노력을 아끼지 않았으며,
유대 관계와 협력을 중요하게 여기는 공동체를 형성하였습니다.

가나자와는 안전 도시로서 폭설, 지진 그리고 자연재해에 대한 도시
안전 시스템을 강화하였을 뿐만 아니라, 범죄 예방에도 꾸준한 노력을
기울입니다. 그 결과, 가나자와는 다른 일본 주요 도시들과 함께 매우 낮
은 범죄율을 자랑하며, 방문객들에게 안전한 관광지로 손꼽힙니다.

이처럼 가나자와는 창조와 안전, 혁신과 보전이라는 두 마리 토끼를 동시에 잡으려는 시도로, 도시의 진화를 담아냅니다. 또한 가나자와는 과거와 미래를 아우르며, 도시의 정체성과 도시민의 안전을 보장하면서 창조적인 미래를 향해 나아갑니다. 끝으로, 도시 아젠다는 가나자와가 지향하는 미래 도시에 대한 영감과 지침을 제공합니다. 변화의 중심 도시로서 가나자와는 변화를 통해 도시의 미래를 더욱 밝고 풍요롭게 만들어 갑니다.

전통문화의 보존과 활용, '겐로쿠엔과 차야가이'

히가시 차야가이 야경

가나자와시는 역사와 자연이 아름답게 어우러져 있는 도시로, 그 과거의 유산을 보존하면서도 지속 가능한 발전을 이루어 내고 있는 도시입니다. 이 도시의 핵심인 '겐로쿠엔兼六園'은 일본의 3대 정원 중 하나로 꼽히며, 사계절마다 아름다운 경관을 선사합니다. 이곳은 흰색 기와로 만들어진 가나자와성과 함께 고요한 휴식처로 자리합니다.

가나자와성은 과거 여러 번의 화재로 소실되었지만, 마에다 도시이에前田利家의 노력으로 여러 차례 재건되어 현재에 이르렀습니다. 이렇게 보존된 고전적인 건물들은 '히가시 차야가이東茶屋街, 동쪽 찻집 거리', '가즈에마치 차야가이', '니시 차야가이' 등의 역사적인 찻집 거리를 형성하였습니다. 이 지역은 국가 문화재로 선정되어 전통 공예품점과 함께 일본의 문화와 예술을 체험할 수 있는 명소로 알려졌습니다. 이곳은 일본인뿐만 아니라 세계 각국의 방문객들에게도 큰 인기를 끌고 있습니다.

가나자와시는 이뿐만 아니라 도시 내 아름다운 자연환경도 보존했습니다. 이러한 노력들은 도시를 관광 명소로 발전시키면서도 자연을 훼손하지 않는 방향으로 도시를 성장시킵니다. 역사와 자연, 예술과 문화가 조화를 이루며 가나자와시는 미래의 도시 발전을 위한 모범 사례로 여겨질 만한 도시입니다. 그 뛰어난 지속 가능성을 핵심 가치로 삼아 도시는 더 나은 미래를 향해 걸어갑니다.

21세기 미술관과 창조적 공간들

가나자와시는 자발적인 성장과 창조적 예술을 결합하여 지속 가능한 도시의 성공 모델로 거듭났습니다. 도시는 탄탄한 경제 기반 위에 문화적 투자를 통해 새로운 창조적 공간을 조성하는 데 주력하였습니다.

1980년대, 섬유 산업 중심으로 번영했던 가나자와시의 경제는 쇠퇴의 상황을 맞이했습니다. 그러나 도시는 도시 경제의 방적공장 부지를 활용하여 1996년에 '가나자와 시민예술문화촌'을 조성하며 새로운 생명을 불어넣었습니다. 이 예술마을은 붉은 벽돌로 만들어진 과거의 공장 부지를 활용하여 시민들을 위한 예술 활동의 장소로 재탄생하였습니다. 드라마, 음악, 미술 등 다양한 분야에서 예술을 수행할 수 있는 연습실로 활용되며, 도시 내 예술 문화 활동을 촉진하고 지역 사회의 참여를 유도합니다.

가나자와 시민예술문화촌의 특징은 시민들의 참여와 자발성에 기반하고 이루어졌다는 것입니다. 이러한 문화 시설은 과거의 산업 유산을 문화 창조의 중심으로 변화시킴으로써, 도시 예술과 문화의 새로운 시대를 여는 과정이었습니다. 가나자와시는 이와 같은 모델을 통해 도시의 지속 가능성을 강화하고 지역 사회에 활력을 불어넣은 사례로 주목받고 있습니다.

가나자와시는 2004년, 도심 지역이 텅 비는 상황을 극복하고 도시의 지속 가능성을 높이기 위해 가나자와 21세기 미술관을 조성하였습니다. 이 미술관은 세지마 가즈요와 니시자와 류에, 일본을 대표하는 건축가들의 작품으로, 기존의 미술관과는 다른 독특한 건축과 전시를 선사합니다. 마치 UFO가 내려앉은 듯한 원형의 건축물로 '동글이'라는 별칭이 붙여졌습니다. 돌계단과 높은 문턱이 없고, 문은 동서남북으로 연결되었으며, 전체 벽면을 유리로 연결하여 소통과 나눔이 이루어지는 열린 공간으로 조성하였습니다. 미술과 지역 예술이 융합되고, 지역 사회의 여가와 생활 공간으로 활용되면서 지역 사회뿐만 아니라 관광객들에게도 큰 인기를 얻게 되었습니다.

개관 후 1년 만에 157만 명이 방문하며, 이후 매년 150만 명 이상의 방문객을 유치하고 있는 가나자와 21세기 미술관은 일본의 대표적인 미술관 성공 사례로 꼽힙니다. 문화예술 중심으로 한 도시 발전은 지역 내 섬유와 패션 그리고 콘텐츠 산업의 발전을 촉진하였습니다.

가나자와 21세기 미술관은 현대 건축과 도시의 미래를 모색하는 미래 지향적인 도시 재생 사례로, 지속 가능성과 문화 발전을 동시에 실현하는 모델이 되었습니다. 미술관은 도시의 아름다움을 높이는 것뿐만 아니라 예술과 창조성을 중심으로 도시의 미래를 준비하는 중요한 역할을 수행합니다.

가나자와 21세기 미술관

고지대에 우뚝 솟은 '가나자와 유와쿠 창작의 숲'은 지속 가능성과 창의성을 결합한 가나자와시의 새로운 발상입니다. 이 독특한 공간은 시민들의 다양한 창작 활동을 지원하고 예술과 문화의 미래를 함께 그려 나가기 위한 장소로서 설립되었습니다.

이 창작의 숲은 옛 민가 7개를 이곳으로 옮겨 활용하고 있으며, 다양한 공예 및 예술 활동을 지원합니다. 염색 공방, 염직 공방, 판화 공방, 스크린 공방 등 다양한 예술 형태가 이곳에서 발전합니다. 이와 더불어, 600년의 역사를 자랑하는 전통 공연 노[能]를 비롯한 무용, 극, 시, 음악이 만나는 특별한 무대가 마련되어 수준 높은 공연이 펼쳐집니다. 또한, 도시를 대표하는 오케스트라 앙상블 가나자와도 이곳에서 정기적으로 공연을 펼치며 음악과 문화의 장을 형성합니다. 이는 가나자와시가 자발적인 발전을 통해 기술 혁신을 이루고 지역 내 소득을 높이는 데 기여했음을 보여 주는 상징적인 사례입니다. 가나자와시는 창의적 활동과 문화예술의 융합을 통해 도시의 지속 가능성을 높이는 모델이 되었습니다.

모노즈쿠리에서 마치즈쿠리로

가나자와는 전통과 혁신이 만나 도시의 지속 가능성을 높이는 특별한 곳입니다. 이곳은 오랜 역사를 자랑하는 일본의 예술과 공예가 뿌리내린 곳으로, 창조적 역량을 지닌 장인들이 번창한 지역입니다. 이 도시에서는 전통 공예와 현대 하이테크 산업이 조화롭게 공존하며, 그 핵심에는 창조적인 능력을 지닌 전통 장인들이 자리합니다.

가나자와의 성공 비결은 모노즈쿠리物づくり, 즉 물건 만들기에 대한 열정과 헌신에서 비롯됩니다. 이곳 장인들은 최고의 제품을 만들기 위해 영혼을 담아 작업하며, 창조 산업을 이끄는 장인 정신을 현대 문화 산업으로 전환시켰습니다. 이것이 바로 마치즈쿠리町づくり 정신, 즉 도시를 만들어 내고 함께 성장시킨다는 의미를 담습니다. 장인 중심으로 운영되는 전통 산업만 약 800개에 달하며 약 3천 명의 시민이 이 산업들에 종사합니다.

　여기에서는 채색화 도자기인 구타니야키九谷燒, 염색하는 기법인 가가유젠加賀友禪, 가가자수, 가나자와 칠기, 가나자와금박 등이 국가의 「전통적 공예품 산업의 진흥에 관한 법률」로 지정된 업종으로 활발하게 활동합니다. 그뿐만 아니라 오히야키 도자기, 가가상감, 가가미즈히키 세공, 후타마타 화지와

가나자와 금박을 활용한 아이스크림

같은 전통 산업도 이 도시의 대표적인 산업으로 자리 잡았습니다. 이러한 전통 산업들은 이 지역의 중심 산업으로, 섬유 공업과 함께 다양한 공정과 연구 개발, 디자인, 시장조사 등이 순환적으로 이루어지며, 섬유 기계의 발전과 함께 도시의 경제 구조를 더욱 견고하게 만들었습니다[안혜원. 2012]. 이러한 성과는 전통문화와 현대 산업을 융합하여 상당한 수익을 창출하고 도시의 지속 가능성을 높이는 데 중요한 역할을 합니다.

　뿌리 깊은 전통 공예 산업의 발전 덕분에, 이 도시는 유네스코에서 선

정하는 '창의 도시 네트워크'^{UNESCO the Creative Cities Network}'에서 공예 분야의 창조 도시로 지정되었습니다. 이는 이 도시가 예술과 기술, 전통과 현대를 조화시키며 문화와 경제를 함께 키우는 모범적인 도시임을 인정하는 것입니다. 도시는 지속 가능성을 추구하며, 동시에 예술과 창조성을 기반으로 하는 새로운 도시 모델을 제시합니다.

창의성 교육의 학술 도시

대학 중심의 도시로서 가나자와는 일본 내에서 특별한 위치에 서 있습니다. 중소 규모의 도시임에도 13개의 대학을 보유하고 있는 점은 매우 주목할 만합니다. 1945년, 일본의 패전 이후 가나자와는 대학을 설립하면서부터 새로운 시작을 하였습니다. 그리고 이 시기부터 교육과 학문의 중심지로서의 역할을 강화해 왔습니다.

지역을 대표하는 가나자와 대학은 7개의 학교를 통합하여 지역 사회를 대표하는 국립대학으로 발전하였습니다. 이 대학은 다양한 학문 분야에 걸쳐 광범위한 교육 프로그램을 제공하며, 3개 학역과 16개 학류, 8개 대학원 과정을 운영합니다. 부속 병원, 보건 관리 센터, 국제 교류 회관 등을 포함한 부속 시설은 이 대학의 다양한 교육과 연구 활동을 지원합니다[48]. 특히, 가나자와 대학은 의학 및 보건 분야와 이공계 분야에서 우수한 인재를 배출하고 있으며, 이는 지역 사회와의 긴밀한 연계를 통해 지속 가능한 발전을 도모하는 데 중요한 기여를 합니다. 가나자와

---

48) "가나자와 대학", 네이버지식백과사전(http://terms.naver.com/). 2017.08.09.

대학은 단지 교육 기관의 역할에 그치지 않고 지역 사회의 발전에 있어 핵심적인 역할을 수행하며, 가나자와를 국내외에서 학문과 연구의 중심지로 만들어 가고 있습니다.

가나자와미술공예대학은 예술 분야에서 뛰어난 인재를 배출해 온 기관으로, 그들의 학술적 업적은 가나자와가 예술 및 학문 연구에 있어 중요한 위치를 차지하고 있음을 입증합니다김후련, 2012. 또한, 1965년에 개교한 가나자와공업金澤工業대학은 규모는 작지만 매우 높은 취업률을 유지하고 있는 독특한 대학 중 하나입니다. 이 대학은 최근 10년 동안 90%가 넘는 취업률로 일본 대학 중 최상위권을 유지하며, 『아사히 신문』 대학 평가에서는 '잘 가르치는 대학' 1위로 선정되었습니다. 가나자와공업대학은 뛰어난 인재를 배출하여 도시의 경제적 발전에 기여합니다.

이러한 대학들은 교육 분야에서도 창의성 계발에 주력했습니다. 학생들에게 창의성을 키울 수 있는 교육 프로그램을 제공하고 있으며, 특히 미술 체험 교육과 융합 교육을 통해 창의적 기능 인재를 양성합니다. 대학은 도시의 문화적, 경제적, 학문적 발전에 있어 중추적인 역할을 하며, 지역 사회와의 긴밀한 협력을 통해 더욱 발전해 나가고 있습니다. 이러한 노력은 가나자와의 내발적 발전과 도시의 지속 가능성을 높이는 데 기여했습니다.

크래프트 투어리즘Craft Tourism

가나자와는 도시 재생을 통해 독특한 문화와 지속 가능성을 결합시켰습니다. '가나자와 시민예술문화촌', '가나자와 21세기 미술관', '유와쿠 창작의 숲', '오케스트라 앙상블 가나자와', '가나자와 노가쿠 미술관', '이시카와현립 미술관', '가나자와 시립 나카무라 기념 미술관'과 같은 다양한 문화예술 공간을 창조하여 현대와 전통이 조화로운 예술 작품을 전시하고 다채로운 문화예술 공연을 개최하였습니다. 이를 통해 새로운 지역 문화를 창조하고 동시에 지역 관광 산업을 발전시키는 데 큰 역할을 했습니다.

가나자와는 오랜 역사를 가진 전통 공예와 창작 활동이 공존하는 곳으로, 관광 명소 방문에 창작 활동 장소 견학과 공예 체험을 결합한 '크래프트 투어리즘Craft Tourism'이라는 독특한 관광 코스를 개발하였습니다. 이를 통해 가나사와 고유의 관광 코스를 소개하고 창조 관광을 실천합니다. 이러한 노력은 관광객들에게 창조적인 경험을 제공하면서 도시의 지속 가능성을 높이는 데 기여합니다.

또한, 가나자와는 사쿠라 메구리 축제와 햐쿠만 고쿠 마쓰리와 같은 다양한 축제와 행사를 매년 개최합니다. 그리고 겐로쿠엔은 봄에는 벚꽃, 겨울에는 설경을 보기 위해 찾아온 방문객들로 붐빕니다. 이러한 행사와 환경들은 가나자와를 방문하는 관광객들에게 풍요로운 경험을 제공하며 지역 경제를 촉진하는 역할을 합니다. 더불어 지역 문화와 전통을 보존하면서 지속 가능한 관광 산업을 육성하는 데 큰 역할을 하였습니다.

가나자와는 도시 재생을 통해 조성된 예술 공간과 지역 축제 등의 다양한 문화 행사를 통해 도시의 지속 가능성을 높였습니다. 이러한 노력으로 가나자와를 독특하고 매력적인 관광지로 만들어 가는 데 성공하고 있으며, 미래에도 이 도시의 예술과 문화가 빛날 것으로 기대됩니다.

매년 10월 가나자와는 재즈 축제로 활기를 띕니다. 이 축제는 공연장 뿐만 아니라 도시의 공공장소에서도 열리며, 시민들과 국내외 방문객들에게 큰 인기를 끌고 있습니다. 이런 행사를 통해 가나자와는 지역의 고유한 문화유산과 예술 공방, 갤러리, 미술관, 오케스트라 그리고 지역 축제 등을 총동원하여 관광 산업을 활성화하면서 매년 수백만 명 이상의 관광객들이 찾는 관광 명소로 자리매김하였습니다.

이러한 도시의 변모는 단순히 관광 명소로의 발전뿐만 아니라 도시의 지속 가능성을 증진시키는 데 기여하였습니다. 가나자와의 예술과 문화 행사는 지역 예술가와 창작자에게 창의적인 활동의 장을 제공하면서 지역 경제에도 긍정적인 영향을 미칩니다. 또한, 장기적으로는 문화 간 교류와 지역 커뮤니티 구축을 촉진하여 도시의 사회적 지속 가능성을 높이는 데 기여합니다.

중소 도시형 스마트 도시 전략

가나자와는 도쿄, 요코하마 등 일본의 주요 대도시와 마찬가지로 자체적인 스마트 도시 전략을 추진하고 개발 프로세스를 진행하였습니다. 미래형 스마트 도시로의 전환을 위해 도시는 클라우드 컴퓨팅, 인공지능[AI], 블록체인, 보안 시스템과 같은 기술을 활용하여 교통 분야에서부터 공공 서비스에 이르기까지 스마트 시스템을 구축하였습니다. 이를 기반으로 빅데이터를 비롯해 에너지, 안전, 공공 서비스, 지역 사회 등의 여러 분야에서 괄목할 만한 성과를 이루었습니다.

먼저 가나자와는 에너지 분야에서는 에너지 효율성을 개선하고 재생가능 에너지원 사용을 촉진하기 위한 스마트 그리드를 구현하였습니다. 화석 에너지 사용을 절감하고 탄소 배출을 감축해 나가기 위해 에너지 소비를 모니터링하면서 자원을 효율적으로 관리하고 있습니다. 또한 화석 연료에 대한 의존도를 줄이기 위해 태양광 시설을 확대하고 지원하였습니다.

가나자와는 교통 인프라를 개선하고 스마트 모빌리티 환경을 구축하였습니다. 대중교통의 스마트 환경을 개선하고 자율 주행 및 교통 옵션을 추진하였습니다. 교통수단 공유 및 다양한 교통 환경을 구축하여 혼잡한 교통 환경을 개선하고 탄소 배출을 줄여 나가고 있습니다.

가나자와의 오랜 민관 협력의 거버넌스는 스마트 도시 전략에서도 성공의 토대가 되었습니다. 시민들이 적극적으로 아이디어를 내고 이를 활용할 수 있는 시스템을 정부와 기업이 구축하였습니다. 도시 전 분야에 걸쳐 데이터를 수집하고 누구나 쉽게 이 데이터에 접근하여 가공할 수 있는 기반을 마련하면서 디지털 정보의 공유와 재생산의 실천적 무대를 만들어 내었습니다. 더불어 인구 고령화에 따른 디지털 격차를 줄이기 위해 교육을 진행하면서 노년층의 디지털 역량을 높이며, 디지털 평등을 실천해 나가고 있습니다.

전통문화 도시임에도 불구하고 개방적이고 관용적인 도시 풍토는 혁신적인 스마트 기술을 테스트하는 환경을 구축하는 힘이 되었습니다. 첨단 기업과 대학, 연구소 등과 협력하면서 도시의 스마트 기술 접목에 앞장섰습니다. 또한 도시 문제를 효율적으로 진단하고 신속하게 해결해 나가면서 도시의 지속 가능성을 높여 나갑니다.

결론: 가나자와의 지속 가능성 평가

가나자와는 도시가 지닌 자원과 잠재력을 인식하고 그 안에서 내발적인 발전을 통해 도시의 지속 가능성을 높여 나갈 수 있었습니다. 다양한 전문가와 시민이 참여하는 민관 협력의 기구를 설립하여 구체적인 계획을 실행에 옮겼습니다. 장인 정신을 중심으로 한 전통 산업 분야의 튼튼한 기반과 함께 중소기업과 중견기업들이 지속적인 혁신을 통해 도시의 발전을 주도하였습니다. 도시는 튼튼한 경제적 기반을 토대로 예술과 문화에 대한 투자를 이끌며 문화 관광 도시로 변화해 나갈 수 있었습니다. 즉, 민관이 상호 협력하는 도시 거버넌스, 장인 정신에 기반한 산업 혁신, 예술과 문화 공간에 대한 투자 및 재생, 관광 산업의 육성 등을 통해 도시의 미래를 준비하였습니다. 가나자와가 미래 도시의 선도적 모델로 설 수 있었던 배경과 전략, 실천 등을 정리하면 다음과 같습니다.

첫째, 도시의 지속 가능성을 높여 나가기 위해 가나자와는 2000년대 이후 도시의 창조성에 기반을 둔 창조 도시 전략을 추진하였습니다. 도시 문제에 대해 시민들과 지방자치단체의 공동 참여를 촉진하고, 다양한 대안을 직접 창출하면서 민관 협력의 거버넌스를 실천하였습니다. 그 중심에 도시민, 전문가, 행정가 등 다양한 사람들이 참여하는 '창조도시회의'를 두었습니다. 지속적인 논의를 통해 다양한 정책을 제안하고 실천하면서 도시의 혁신을 이끌었습니다.

둘째, 도시경제의 위기 상황에서도 지역의 자원을 최대한 활용하여 이를 극복해 낼 수 있었던 내발적 발전이 지속 가능성의 원천이 되었습니다. 가나자와는 시 제조업의 약 25%에 달하는 기술력을 가진 장인들을 바탕으로 지속적인 혁신이 이루어지는, 중견·중소기업의 집적이 이루어 졌으며 상호 협력을 통해 독립적인 도시 경제가 조성되어 있었습니다. 더불어 지역 대표 산업의 근간인 섬유와 기계 등의 산업과 하이테크 산업이 조화를 이루며, 도시의 급격한 경제 위기를 극복해 낼 수 있었습니다.

셋째, 가나자와는 도시의 자연환경과 역사 공간을 보존하였고, 내발적 발전을 토대로 도시 재생을 이끌어 내어 창조적 공간들을 조성하였습니다. 일본 3대 정원인 겐로쿠엔과 역사적 명소인 가나자와성을 비롯해, 에도 시대의 목적 건물 거리가 조성된 찻집 거리는 도시의 주요 명소로 오랫동안 사랑을 받았습니다. 더불어 도시는 탄탄한 도시 경제력을 바탕으로 '가나자와 시민예술문화촌', '가나자와 21세기 미술관', '유와쿠 창작의 숲', '오케스트라 앙상블 가나자와', '가나자와 노가쿠 미술관', '이시카와현립 미술관', '가나자와 시립 나카무라 기념 미술관' 등의 창조 공간들을 조성하였습니다.

넷째, 가나자와는 수준 높은 예술 전시와 공연, 지역의 특성을 반영한 축제 등의 다양한 문화예술 행사를 통해 창조 관광을 이끌어 내었습니다. 도시 재생으로 '가나자와 시민예술문화촌', '가나자와 21세기 미술관', '유와쿠 창작의 숲', '오케스트라 앙상블 가나자와' 등의 문화예술 공간에서 다양한 전시와 공연을 진행하고, 사쿠라 메구리 축제, 햐쿠만 고쿠 마쓰리, 가나자와 재즈페스티벌 등을 개최하면서 시민들뿐만 아니라 국내외 관광객들을 유입시킬 수 있었습니다. 더불어 관광 명소 방문과 체험 활동을 조합하여 '크래프트 투어리즘'을 개발해 창조 관광을 이끌어 내었습니다.

　2010년대까지 가나자와는 중소 도시의 성공 모델로서 자리매김해 왔지만 2020년대 이후로 관광 산업 외에는 이렇다 할 도시 전략을 선보이지는 못하였습니다. 1인당 국내 총생산을 보면 2000년대 초부터 시작해 일본 평균치보다 낮은 경향을 보입니다. 이후 일본 경제의 영향을 직접적으로 받으면서 증감을 반복하고 있지만 그 격차는 커졌습니다. 따라서 가나자와는 내발적 발전만으로 도시 경제가 지속적으로 유지될 수 있는 것인지에 대한 새로운 논의가 필요해 보입니다. 도시의 미래 역량이라 할 수 있는 스마트 도시 전략 부문에서도 가나자와는 부단히 노력하고 있지만 도쿄, 오사카 등 대도시에 비해 여전히 뒤처집니다.

　더불어 일본 내 여러 도시들이 겪고 있는 고령화 역시 가나자와도 피할 수 없는 문제입니다. 도시가 문화 관광 분야에서 선도적인 모델에 선 것처럼 고령화 문제에 대응하여 도시 개편이 필요합니다. 도야마시와 같이 대중교통을 편리하게 재편하고 이를 중심으로 거주와 상업 등 도시 기능을 집약하는 콤팩트 시티로의 변화가 시작되어야 합니다. 이는 인구 감소와 재정 악화에 대한 근본적인 해결책은 아니지만 도시 경영의 효율성을 극대화하고 생활하기 편리한 도시를 구축하는 방안이 될 것입니다.

7부

독일 뒤셀도르프

도시 개관

뒤셀도르프의 위치

라인 분지의 마중물인 뒤셀강의 삼각주에 자리한 뒤셀도르프^{Düsseldorf}는 독일 북서부 노르트라인-베스트팔렌^{Nordrhein-Westfalen}주의 주도이자, 라인-루르 지방^{Metropolregion Rhein-Ruhr}의 핵심 도시입니다. 면적 약 217㎢, 인구 약 63만 명^{2024년 기준}의 규모의 중소 도시입니다.

로마 제국이 유럽 대륙을 정복하던 시기, 소수의 게르만 부족들이 라인강 동편의 황무지로 이주하여 새로운 삶의 터전을 잡으면서 도시가 성립되었습니다. 7~8세기경, 이 지역은 농업과 어업을 중심으로 한 끈질긴 노력의 결과, 생활의 터전을 마련하게 되었고, 이후 도시로 발전해 나갔습니다. 뒤셀도르프는 이러한 발전 과정에서 1135년 황제 프리드리히 바바로사^{Friedrich Barbarossa}에 의해 특별한 관심을 받았던 지역으로, 당시에는 카이저스베르트Kaiserswerth라는 작은 마을이었습니다. 이 마을은 점차 요새화되어 갔으며, 1186년에는 베르그 백작의 지배를 받게 되어 도시로서의 위상을 확립했습니다. 특히, 아돌프 8세는 쾰른 대주교와의 부링겐 전투Battle of Worringgen에서 승리를 거두며 도시의 명성을 높였습니다.

그러나 나폴레옹 시대가 되면서, 뒤셀도르프는 파괴와 가난의 시기를 겪게 됩니다. 나폴레옹은 이 도시를 베르그 대공국의 수도로 지정했으나, 나폴레옹의 패배 후 1815년에 뒤셀도르프는 프로이센 왕국에 편입되었고, 라인 지방 의회의 중심지로서 새로운 정체성을 찾았습니다. 1882년에는 인구가 10만 명을 넘어서며 산업혁명의 발전을 경험했습니다. 하지만, 제2차 세계대전 동안 뒤셀도르프는 중요한 전략적 목표가 되었고, 특히 1943년 영국 공군의 대규모 폭격으로 큰 피해를 입었습니다.

1946년, 뒤셀도르프는 노르트라인베스트팔렌주의 주도가 되며, 도시 재건이라는 무궁무진한 도전이 시작되었습니다. 전쟁의 무정과 파괴에 시달린 도시에는 다수의 공장과 기업이 자리 잡았으며, 이들은 지속적인 번영과 화려한 성장을 이어 나갔습니다.

1950년대, '라인강의 기적'으로 불리는 독일 경제의 새로운 출발과 함께, 뒤셀도르프의 경제도 화려한 성장을 이룩하여 1960년대 초, 절정에 다다랐습니다. 이 화려한 순간 속에서, 1962년에는 인구 역시 70만 명을 기록하는 정점을 찍었습니다.

그러나 시간은 변화를 가져왔고, 1970년대에는 석탄 광산과 철강 산업의 쇠퇴로 인한 고난의 시기를 맞이했습니다. 그렇지만, 뒤셀도르프는 언제나 변화와 발전을 수용해 내는 민첩성을 지니고 있었습니다. 1980년대에는 산업의 재구조화를 통해, 새로운 꽃들을 피우며 서비스와 통신의 중심지로 발돋움하였습니다. 1975년, 뒤셀도르프는 10개의 행정 구역으로 나뉘어 있으며, 각 지구^{Bezirk}는 자체의 지구 협의회^{Bezirksvertretung}
와 지역 시장^{Bezirksvorsteher}을 갖고 있습니다. 각 지구는 다시 50개의 자치
구로 세분화되어 있으며, 도시는 라인강을 따라 펼쳐진 땅 위에 자리 잡
았습니다.

메디엔하펜$^{Median\ Hafen}$

메디엔하펜^{Medienhafen}은 뒤셀도르프에서 과거 항구 지역의 재생 프로젝
트를 통해 새롭게 태어난 지역으로, 현대적인 도시 디자인과 건축의 뛰
어난 예를 보여 줍니다. 1981년에 완공된 라인툼^{Rheinturm}은 약 240미터
높이의 통신 타워로, 뒤셀도르프의 상징적인 존재로 자리매김하였습니
다. 바로 옆에 위치한 게리 빌딩$^{Gehry\ buildings}$은 세계적인 건축가 프랭크 O.
게리의 창의적인 디자인이 돋보이는 건축물로, 도시의 새로운 랜드마크
로 각광받고 있습니다.

뒤셀도르프의 중심부에 위치한 괴니히살레^{Königsallee}는 도시 중심부를
장식하는 우아한 대로로, 운하와 가로수가 어우러져 아름다운 경관을

　미래를 준비한 세계의 도시들 2

제공합니다. 이 거리는 고급 스토어와 소매점, 사무실, 은행, 호텔, 카페가 혼재하는 뒤셀도르프의 경제적 중심지 역할을 합니다. 도시의 1인당 국민소득은 독일 내 주요 도시들 중 최상위권에 랭크되어 있으

괴니히살레

며, 회계, 감사, 기업 컨설팅, 법률 서비스, 광고, 패션 등 다양한 분야에서 경제적 리더십을 발휘합니다. 또한, 은행 및 증권 활동에서는 프랑크푸르트에 이어 독일에서 두 번째로 큰 중심지로 자리 잡았습니다.

뒤셀도르프는 블루 바나나$^{Blue\ Banana49)}$라 불리는 유럽의 경제 중심 지역 중 하나로, 여러 글로벌 기업 및 DAX[50] 상장 회사의 본사가 위치하였습니다. 국제 비즈니스와 금융의 중심지로서의 역할뿐만 아니라, 패션 무역 박람회와 같은 중요한 행사를 주최하며 도시의 명성을 높였습니다.

이처럼 메디엔하펜을 포함한 뒤셀도르프는 과거와 현재, 전통과 혁신이 조화를 이루는 도시로서, 경제적 번영과 문화적 다양성을 바탕으로

---

49) 맨체스터와 밀란 축, 유럽의 척추로 불리는 유럽의 메갈로폴리스(Megalopolis) 지역을 일컫는 용어이다. 서부 유럽의 불연속적인 회랑으로 인구는 약 111,000,000명이다. 로저 브루넷(Roger Brunet)이 제창한 이론을 프랑스의 지리학자 그룹인 RECLUS에서 받아들인 개념이다. 리즈, 셰필드, 리버풀, 맨체스터, 노팅엄, 버밍엄, 런던, 릴, 암스테르담, 헤이그, 위트레흐트, 로테르담, 겐트, 브뤼셀, 앤트워프, 샤를 루아, 리에 소요 아인트호벤, 루르 지역, 뒤셀도르프, 부퍼 탈, 쾰른, 본, 프랑크푸르트 주, 룩셈부르크, 스트라스부르, 슈투트가르트, 뉘른베르크, 뮌헨, 바젤, 취리히, 토리노, 밀라노, 베니스, 제노바 등으로 세계에서 가장 높은 인구와 자본, 산업의 집중을 보이는 지역이다(Gert-Jan Hospers, 2003:76-85)

50) 독일 프랑크푸르트 증권거래소에 상장된 종목 중 시가총액기준으로 상위 30개 회사로 구성된 종합주가지수. ("DAX(Deutscher Aktien IndeX)", 네이버 지식백과사전(http://terms.naver.com/), 2017.04.08.)

더 큰 미래를 향해 나아갑니다. 이러한 도시의 발전은 뒤셀도르프가 국제적인 관심을 받고, 세계적으로 중요한 도시 중 하나로 자리매김하는 데 기여하였습니다.

뒤셀도르프는 발달된 교통 인프라를 자랑하는 대도시로, 도시 간 연결을 강화하는 13개의 고속도로, 900개 이상의 기차역 그리고 150개의 장거리 여객 노선을 보유합니다. 도시의 조밀한 대중교통 네트워크는 버스, 전차 라인, U-Bahn 및 S-Bahn의 두 지하철 레일 시스템으로 구성되어 있어 시민들과 방문객들이 편리하게 이동할 수 있습니다. 또한, 뒤셀도르프는 전 세계 약 2,200만 명의 승객을 180여 개 목적지로 운송하는 독일에서 세 번째로 큰 공항을 운영하며, 라인강을 통한 상품 운송도 활발히 이루어집니다. 2014년에는 1,640만 톤의 화물 처리량을 기록했습니다.

도시는 메세 뒤셀도르프^{Messe Düsseldorf}를 통해 세계 최고의 무역 전시회 거의 20%를 주관하는 중요한 역할을 합니다. 이와 더불어, '2012 머서 삶의 질 조사^{Mercer's 2012 Quality of Living survey}'에서는 세계 6위의 삶의 질을 기록하며, 국제적으로 높은 생활 수준을 인정받았습니다.

도시의 창조적 성장 배경에는 경제적 기반의 축소와 인구 감소와 같은 위기에 직면한 전통 산업 도시로서의 도전을 극복하고자 한 도시 재생 노력이 있습니다. 메디엔하펜^{Medienhafen} 주변의 재개발과 올드타운인 알트슈타트^{Altstadt}의 문화예술 부흥은 창조 산업의 발전을 촉진하고, 도시에 새로운 활력을 부여했습니다. 이러한 변화는 뒤셀도르프가 현대적 도시로서의 면모를 갖추면서도, 문화적 정체성을 유지하고 강화해 나가는 데 중요한 역할을 담당했습니다.

메디엔하펜 전략과 OPENCities 프로젝트 전략

1950년대의 뒤셀도르프의 도시 재건은 큰 효과를 거두지 못했습니다. 1970년대 도시의 석탄 광산과 철강 산업은 치명적인 위기에 직면하면서 도시는 경제적 위기에 직면하게 되었습니다. 지속되는 위기를 경험하면서 뒤셀도르프는 이전의 영광과 정체성을 회복할 수 없다는 현실을 인식하고 이를 받아들였습니다. 그리고 이를 해결해 나가기 위해 민관 협의체를 구성하면서 문제 상황을 면밀히 분석하고 새로운 도시 전략을 수립하게 되었습니다.

먼저 뒤셀도르프는 지속 가능한 성장을 위해 도시에 새로운 생명력이 필요하다는 점을 깨닫고, 90년대까지 네 단계로 진행되는 장기 계획을 수립했습니다. 혁신과 창조의 원천으로 도시 중심에 위치한 항구를 성장 거점으로 결정하였습니다. 낙후된 항구 일대를 재생해 메디엔하펜 Medienhafen, 미디어 항구으로 변화시키는 계획이었습니다. 이곳이 미디어와 문화 예술 분야의 중심지가 되어 도시의 창조 산업의 밑거름이 될 것으로 믿었습니다.

이렇게 뒤셀도르프의 민관 협력을 통해 라인강을 따라 펼쳐진 수변 공간에 새로운 이야기를 썼습니다. 1976년에 시작된 건설 계획은 10년 동안 논의되고, 1987년이 되어서야 확정되었습니다. 설계와 법적 절차를 거쳐 1990년에 착공하여 1995년에 수변 공간이 완공되었습니다. 2㎞의 도로를 강변 터널로 변신시키고, 산책로를 조성하였습니다이용우, 2015. 도시의 변화를 주도하는 데 있어서 시민들과 협의체가 중요한 역할을 했습니다. 사업의 타당성을 함께 논의하고 시민들의 합의가 도출되어야만 사업이 진행되었을 정도로 절차적 민주주의에 따랐습니다.

뒤셀도르프가 예술문화의 창조성을 후원하고 시민들이 도시 발전에 협력해 왔던 기반은 이미 300여 년 전 도시의 문화에 관심을 가진 이들이 예술 작품의 주요 고객이자 후원자로 활동하면서 뿌리내린 것이었습니다. 특히 안나 마리아 루이 드 메디치[Anna Maria Luisa de' Medici]에 의해 미술 컬렉션이 구축되면서 유럽 전역에서 명성을 얻게 되었고, 이후 하인리히 하이네[Heinrich Heine]와 로베르트 슈만[Robert Schumann]이 활동하면서 도시는 창조성이 넘치는 문화 도시로 탈바꿈하였습니다.[51]

이제 뒤셀도르프는 창의성과 역동성이 어우러지는 곳으로 빠르게 진화하고 있습니다. 이러한 발전을 이끄는 주역 중 하나는 스타츠플라츠 뒤셀도르프[STARTPLATZ Düsseldorf]입니다. 2015년에 스페디치온슈트라세[Speditionstraße]의 플로시 하우스[Flossi Haus]에서 문을 열며, 새로운 일자리 창출과 비즈니스 창업을 위한 아이디어를 제공합니다. 이곳에서는 소규모 사업체, 컨설턴트 그리고 금융 전문가에게도 다양한 형태로 성장을 지원합니다. 그렇지만 무엇보다도, 이곳은 젊은 창조적 개인과 그들과 협력을 원하는 이들을 위한 신생 회사 설립을 촉진합니다.

도시의 경제 개발 사무실[Economic Development Office]은 새로운 벤처기업 창업 프로젝트를 추진하며 새로운 창업 기업 센터를 개설했습니다. 이를 통해 뒤셀도르프는 미래의 창조성을 기르고, 지속적인 발전을 향한 길을 걷고 있습니다.

2011년부터 시작된 '오픈시티[OPENCities] 프로젝트'는 민관 협력의 결실로 도시 발전을 이루고 있는 중요한 전략입니다. 이 프로젝트는 행정 부서, 대학의 전문가, 상업과 산업 단체, 복지 기관, 이민 기관 그리고 기업 전문가로 구성된 지역 기반 협의체인 LAG[Local Action Group]를 중심으로 협력

---

51) "Dusseldorf", 위키피디아 영어판(https://en.wikipedia.org/), 2017.02.10.

을 촉진하여, 예술·문화·교육과 같은 '연한soft' 지역 자원을 활용하여 '행복의 도시city of well-being'를 구현하는 것을 목표로 하였습니다. 열린 도시라는 개념에 중점을 두어 도시의 리더십을 강조하고, 개방형 도시를 구축하기 위한 관리의 필요성을 기반에 두었습니다. 도시 환경과 삶의 질을 향상시키고, 비즈니스 활성화를 도모하며, 문화·교육·스포츠 분야에서의 성장을 촉진시키면서 도시의 미래와 발전 방향을 제시하였습니다. 결국 지속적인 협력과 지원을 기반으로 한 프로젝트 전략은 도시 발전의 핵심이 되었고, 다양성과 개방성을 통해 도시가 세계적인 매력을 품을 수 있도록 이끌어 내었습니다.

도시 재생의 성과로 뒤셀도르프는 2000년 1인당 국내 총생산이 4만 4천 달러에서 2008년에는 5만 1천 달러로 크게 상승하였습니다. 물론, 2009년에서 2010년 사이에는 경기 침체로 인해 5만 달러 이하로 내려가기는 했지만, 2011년부터는 다시 회복되었습니다. 특히, 엠셔파크의 대표 도시인 뒤스부르크(4만 1천 달러)와 비교했을 때, 뒤셀도르프는 약 1만 달러 이상의 높은 수준을 보이며 뮌헨과 프랑크푸르트와 함께 독일 내에서 1인당 국내 총생산이 높은 상위 도시가 되었습니다.

이처럼 뒤셀도르프는 도시 재생을 통해 지속적인 혁신을 이루며 성공적인 사례로 기록될 수 있었습니다. 2016년 머서MERCER가 실시한 '삶의 질 지수Quality of Living Index'[52]에서 세계 6위에 올랐을 정도로 삶의 질 면에서도 높은 평가를 받았습니다. 특히, 정치적 안정성, 범죄율, 법 집행, 전염병 관리, 하수 처리, 폐기물 처리, 대기 오염 등 도시 안전 요소에서 높은

---

52) 도시의 안전은 해외 파견 근로자의 파견할 때 다국적 기업에서 중요한 고려사항이다. 외국인 및 외국인 가족의 개인 안전에 대한 우려와 글로벌 보상 프로그램 비용에 상당한 영향을 미치기 때문이다. ("Helsinki ranked 2nd safest city in the world", Goodnewsfinlan 웹사이트(http://www.goodnewsfinland.com/), 2016.02.23.)

수준을 보이며 세계적인 안전 모델이 되었습니다.

TIP 뒤셀도르프의 안전

뒤셀도르프는 그 뛰어난 경제 성장과 삶의 질 향상에도 불구하고, 도시 안전 측면에서 아직 해결해야 할 과제들을 안고 있습니다. 독일 미디어 연합 DPA이 2004년 발표한 인구 10만 명당 범죄 건수는 14,484건으로, 전년 대비 -4.6%로 감소했지만, 여전히 프랑크푸르트(인구 10만 명당 16,310건) 다음인 2위(10만 명당 14,696건)입니다. 범죄율이 여전히 높다는 현실이 도시 안전의 현실입니다.

도시 안전의 또 다른 과제로는 다문화 사회와 수많은 망명자로 인한 범죄 비율 증가가 있습니다. 2015년, 전체 범죄에서 망명자 범죄로 인한 비율이 3년 만에 두 배로 증가하여 약 4%에서 8%로 높아졌습니다. 이러한 상황은 폭력 사태의 급증과 직결되며, 난민촌 문제와 밀접한 연관이 있습니다. 망명 신청 건수도 약 5만 건에서 약 20만 건으로 급격히 늘어났습니다.

이러한 도시 안전의 과제들은 고려해야 할 문제입니다. 그러나 뒤셀도르프는 이미 지난 몇 년간 그 도전에 대처하기 위해 노력하고 있으며, 미래에 대한 비전을 향해 나아가고 있습니다. 도시 안전 측면에서, 뒤셀도르프는 다양한 조치와 프로젝트를 통해 범죄 예방과 대처를 강화하고 있습니다. 지난 몇 년 동안 범죄율이 감소한 경험을 바탕으로 더욱 효과적으로 범죄 발생을 줄이기 위한 노력을 계속하고 있습니다. 또한 다문화 사회와 망명자들과의 조화를 이루기 위한 프로그램을 강화하고, 그들의 사회적 통합을 지원하며, 도시 안전과 공공 안전을 향상시키기 위해 끊임없는 노력을 기울입니다.

뒤셀도르프는 이러한 도전에 직면하면서도 도시민들의 안전을 지키고 다양성을 존중하며 도시를 발전시키기 위해 헌신합니다. 도시의 변화와 성장은 항상 어려운 문제와 함께 있지만, 뒤셀도르프는 이러한 어려움을 극복하고 미래를 밝게 그리며 도시 안전성을 향상시키는 데 헌신하였습니다.

미래를 준비한 세계의 도시들 2

메디엔하펜과 쾨니히셸리의 도시 르네상스

　뒤셀도르프는 도시 재생 프로젝트를 통해 창조적인 도시 공간을 조성하며 미래를 향해 지속적으로 발전해 왔습니다. 특히, 창조적인 공간의 조성과 산업 구조의 전환은 도시의 경제적 활력을 증진시키고, 더 넓은 범위에서 도시의 경쟁력을 강화하는 데 기여했습니다.

　도시 재생의 첫 번째 단계는 1974년, 항구 일부 지역의 축소를 통해 미래 지향적인 도시로의 변화를 결정했을 때부터 시작되었습니다. 이는 총 4단계로 이루어진 도시 재생 프로젝트의 첫걸음이었습니다. 1970년대 말, 도시 재생의 첫 번째 단계는 라인타워[234m], 주 의회 의사당, 서부 독일방송 스튜디오의 조성을 추진하여 1980~1990년대까지 계획대로 단계적으로 완성되었습니다. 두 번째 단계에서는 1980년대부터 시작되어 방송 시설과 창조적 직업과 연관된 소규모 사무실, 문화 시설, 화실, 수공예 작업실 등을 끌어들이며, 도시는 다양한 건물 꾸미기를 시작했습니다[이용우, 2015]. 도시는 이러한 과정에서 서비스와 통신 산업 중심의 새로운 산업 구조로 이행했습니다. 다른 독일 도시들은 도시 축소로 퇴폐해 갔지만, 뒤셀도르프는 상당한 인구 증가를 기록했습니다.

　1990년대 도시 재생 프로젝트의 진행은 도시의 물리적, 사회적 환경에 상당한 변화를 가져왔습니다. 이 기간 동안 3단계와 4단계 프로젝트가 이루어졌으며, 특히 라인강 주변 지역의 개선으로 공공 산책로 및 디자인 개선을 통해 삶의 질을 향상시키는 데 중점을 두었습니다. 이러한 변화는 도시 공간의 활용도를 높이고 주민들의 삶의 질 개선에 기여했다는 점에서 긍정적으로 평가할 수 있습니다.

　또한, 항구 지역의 변화는 이 프로젝트의 또 다른 중요한 성공 사례입니다. 예술, 미디어, 광고와 같은 창의적인 산업을 중심으로 현대적인 사무실과 주택 지역으로의 재탄생은 도시의 항구 지역 산업 구조와 경제적 기반을 다양화하는 데 크게 기여했습니다.

1998년에는 메디엔하펜Medienhafen 지역에 프랭크 게리Frank Gehry가 설계한 세 개의 건물이 들어서며, 이 지역이 패션, 법률, 광고 산업의 중심지로 부상하는 계기를 마련했습니다. 게리의 독특한 파사드 디자인은 도시 경관에 새로운 시각적 특징을 추가함으로써 뒤셀도르프의 현대적 이미지를 강화하는 역할을 했습니다.

도시가 직면했던 여러 도전을 재생 프로젝트를 통해 극복하면서 뒤셀도르프는 역동적인 도시 공간을 조성하고 혁신과 지속 가능한 발전의 기반을 마련할 수 있었습니다. 그로 인해 엑스포 시티, 독일 증권 거래소, 수익성 높은 통신기업, 광고 및 패션 분야 등의 상장 기업 본사가 가장 많이 위치한 도시 중 하나로 부상하게 되었습니다. 또한, 이러한 변화는 독일에서 두 번째로 중요한 은행 및 증권 거래소의 입지로 이어졌습니다.

게리 빌딩Gehry-buildings

메디엔하펜뿐만 아니라 쾨니히셸리^{Koenigsallee}를 포함한 주요 지역에서 지속적인 재생이 이루어지는 것은 뒤셀도르프의 재생 전략이 단편적이지 않고 광범위하며 지속적인 노력의 결과임을 보여 줍니다. 쾨니히셸리는 1949년 Igedo 패션 박람회를 시작으로 세계적인 패션 중심지로 성장했으며, 매년 2회 열리는 '컬렉션 프리미에 뒤셀도르프^{CPD}' 패션쇼는 도시의 창의적 에너지를 드러내고 패션 산업의 메카로 성장해 가는 과정을 보여 줍니다. 2014년에는 뒤셀도르프의 고급 쇼핑의 중심지인 '쾨니히셸리'가 파리의 '몽테뉴 애버뉴'와 협력하는 거리 쌍둥이 프로젝트를 시작했습니다. 프로젝트는 두 도시의 패션 관점에서 가까이 있는 두 거리를 하나로 결합시켜, 국제적인 고급 이미지를 공유하고 향상시키는 협력의 표본으로 손꼽힙니다. 이 혁신적인 프로젝트를 통해 공공 이미지를 형성하고 문화 간 교류를 촉진함으로써 뒤셀도르프의 고급 거리는 더욱 견고하게 성장했습니다. 뒤셀도르프와 파리, 두 도시는 고급 패션과 쇼핑의 중심지로서 상호 협력을 통해 강력한 이미지를 만들어 냈습니다. 이러한 협력을 통해 뒤셀도르프는 국제적인 고급 패션 중심지로서의 위치를 더욱 강화했습니다.

같은 해 4만㎡의 규모로 조성된 코보겐^{Kö-Bogen} 사무실과 소매 복합센터는 도시 재개발의 대표적인 성공 사례가 되었습니다. 재개발 프로젝트는 뒤셀도르프가 단순히 전통적인 산업 도시를 넘어, 창의성, 혁신 그리고 지속 가능한 발전을 추구하는 현대적 메트로폴리스로 거듭나는 과정을 보여 줍니다.

이는 도시 재생이 단순히 물리적 공간의 재구성에 그치지 않고, 도시의 브랜드 가치와 국제적 인지도를 높이는 방법으로도 활용될 수 있음을 나타냅니다. 도시 재생과 더불어 유럽에서의 전략적 위치 그리고 라인 지역과의 연결성을 기반으로 뒤셀도르프는 현대 도시의 르네상스를 이끌었습니다.

코보겐^{Kö-Bogen} 전경

문화유산의 보존과 문화예술 공간

알트슈타트의 볼커 거리^{Bolkerstraße}

뒤셀도르프는 전쟁으로 인해 폐허로 변했던 도시였지만 사람들의 놀라운 노력과 재능으로 다시 태어나게 됩니다. 이 도시는 오랜 역사와 문화유산을 보존하고, 그 가치를 한층 높이는 데에 성공했습니다. 특히, 알트슈타트Altstadt라는 올드타운은 옛 거리와 건축물을 고스란히 보존하며, 300개가 넘는 술집으로 세계적으로 유명한 '가장 긴 바the longest bar in the world'로 불립니다.

도시의 중심부는 뒤셀도르프 시청Düsseldorf townhall과 빌렘 동상Statue of Jan Wellem으로 꾸며져 있으며, 전통적인 마켓과 세련된 보석 및 부티크 같은 전문 상점들이 함께 어우러져 다채로운 쇼핑 체험을 제공합니다. 역사적인 부르크플라츠Burgplatz에는 바로크 양식의 성Schlossturm과 함께 13세기에 세워진 성 람베르트 성당Sankt Lambertus Basilika이 그 아름다움을 지켜 냅니다. 라인강을 따라 중세 도시 카이저스베르트Kaiserswerth로 이어지는 지역 또한 뒤셀도르프의 역사와 문화를 탐색할 수 있는 중요한 장소입니다.

이처럼 뒤셀도르프는 과거의 영광을 현대적인 생활과 조화롭게 유지하면서, 관광객과 주민들에게 풍부한 경험을 제공하는 고유한 도시로 평가됩니다. 과거와 현재, 전통과 현대가 조화롭게 어우러진 이 도시는 역사와 예술의 보고로 우리를 매료시키며, 아름다움이 곳곳에 끝없이 펼쳐집니다. 문화적 유산과 역사적 유적뿐만 아니라 현대적인 생활과도 조화를 이루는 도시의 특성은 뒤셀도르프가 국제적인 관심을 받는 도시로 자리매김하는 데 큰 역할을 합니다.

빌럼 동상과 뒤셀도르프 시청

벤라트 궁전

뒤셀도르프의 문화적 유산을 대표하는 벤라트 궁전은 바로크 양식의 건축물로, 1755년에 착공되어 1770년에 완공되었습니다. 벤라트는 뒤셀도르프의 교외에 위치하고 있으며, 두 차례의 세계대전에도 불구하고 훼손되지 않아 오늘날에도 그 원래 모습을 그대로 간직합니다. 이러한 보존 상태로 인해 벤라트는 유네스코 세계문화유산으로 지정되었습니다.

뒤셀도르프는 작은 도시임에도 불구하고 58만 명의 인구를 자랑하며,

문화와 예술의 중심지로 자리매김하고 있습니다. 이 도시는 26개의 박물관과 100개가 넘는 갤러리로 가득 차 있어 예술과 역사에 관심 있는 이들에게는 참으로 매력적인 곳입니다. 그중에서도 '노르트라인 베스트팔렌 미술 전시관', 혁신적인 'NRW-포럼', 역사적인 '쿤스트팔라스트 박물관' 그리고 영화에 관한 모든 것을 다루는 '필름 뮤지엄'과 같은 곳들은 도시 내 예술과 문화의 진정한 보고입니다.

뒤셀도르프는 또한 세계적인 예술 공연장으로도 유명합니다. 도이체 오퍼 암 라인은 뒤셀도르프와 뒤스부르크의 오페라 하우스를 연합하여 세계적 수준의 연극과 오페라를 선보이고 있으며, 뒤셀도르프 샤우슈필하우스는 연극 전용 극장으로 많은 관객들의 사랑을 받습니다. 또한, 음악 애호가들을 위한 곳인 '톤 할레'는 고품격의 콘서트와 음악 이벤트로 뒤셀도르프를 빛냅니다.

뒤셀도르프 샤우슈필하우스

톤할레Tonhalle

1961년 창설된 노르트라인 베스트팔렌 미술 전시관은 뒤셀도르프의 예술적 보고로 빛나는 보석으로 꼽힙니다. 이 미술관은 'K20 그라베플라츠Grabbeplatz', 'K21 슈텐데하우스Ständehaus', '슈멜라 하우스Schmela Haus'라는 세 가지 독특한 전시 공간으로 분할되어 있습니다. 이곳은 전통과 혁신의 조화로운 결합으로 다양한 예술 작품을 감상할 수 있는 특별한 장소입니다. K20 그라베플라츠는 세계적인 화가들의 주요 작품뿐만 아니라 폴 클레로의 감각적인 드로잉 작품 및 미국 미술의 역사를 담은 컬렉션으로 유명합니다. 그리고 베르너 슈말렌바흐 도서관이 자리한 이곳은 회화뿐만 아니라 문학과 예술에 대한 심도 있는 이해를 제공합니다. 도서관은 20~21세기의 예술과 문학 작품을 다룬 13만 5천 권의 서적과 시청각 매체를 보유하고 있어 방문자들에게 풍요로운 문화 경험을 선사합니다.

또한, 2002년 개관한 K21 슈텐데하우스는 대규모 예술 작품과 컬렉션을 전시할 수 있는 최첨단 시설을 자랑합니다. 한편, 슈멜라 하우스는 뒤셀도르프의 역사적인 땅에서 새롭게 시작하여, 리허설 무대와 강의 장소로 재탄생했습니다. 미술관은 문을 열자마자 단 두 주 만에 6만 명 이상의 예술 애호가들을 끌어들였으며, 공공성을 확대하며 2010년 누적 방문객 10만 명을 기록했습니다.

　이처럼 노르트라인 베스트팔렌 미술 전시관은 예술의 미학과 역사적인 의미를 함께 담은 공간으로, 방문객들에게 깊은 감동과 영감을 안겨주고, 차원 높은 문화적 경험을 선사합니다.

K20 그라베플라츠^{Grabbeplatz}

K21 슈텐데하우스^{Ständehaus}

창조 산업의 기반, 메디엔하펜

　뒤셀도르프는 단순히 독일의 지리적 중심지에 머물러 있는 것을 넘어, 메디엔하펜Medienhafen, 미디어 항구을 중심으로 방송 및 광고, 금융 및 보험 서비스, 정보 통신, 패션 산업 등 창조 산업을 이끌고 있는 선도 모델입니다.

　메디엔하펜을 중심으로 여러 방송 센터들이 자리한 뒤셀도르프는 관련 분야에서 돋보이는 성과를 이루었습니다. 유럽 내 가장 큰 영화 펀드가 운영되고 있으며, 이 분야에서만 약 9천 명의 전문가들이 활동합니다. 더불어 'BBDO', 'Grey'와 같은 세계적인 광고 회사를 비롯해 830여 개의 광고 에이전시가 활동하는 광고 도시입니다. 그 거대한 힘은 도시가 지닌 광고 분야의 창조적 인프라에 있습니다. 여기에는 500여 개나 달하는 광고 관련 기업들이 포함되어 있는데, 스튜디오부터 영화 제작사, 모델링 기관, 사진작가, 그래픽 디자이너, 인쇄 기업까지 성공적인 광고에 필요한 모든 부문을 아우릅니다. 이렇게 창조적인 환경에서 만들어진 협업의 산물로서 광고는 관련 분야에서 놀라운 성과를 거두었습니다.

　도시에는 약 170개 이상의 독일과 해외 금융 회사, 약 130개의 보험 회사가 자리합니다. 특히, 기업 및 금융 분야의 클라이언트에게 직접 접근하며 기업들을 위한 최적의 조건을 제공하는 법률 및 감사 기업들과 함께 전 세계적으로 손꼽히는 컨설팅 회사들도 활발한 활동을 펼칩니다. 이러한 경제 활동과 뒤셀도르프 주식 시장Börse Düsseldorf은 도시를 세계적으로 중요한 금융 중심지로 부상시켰습니다. 더불어 도시는 독일을 대표하는 무역 중심지입니다. 6천여 개가 넘는 도소매 기업들이 무역 센터를 중심으로 활발한 비즈니스를 펼칩니다. 세계적인 기업들이 뒤셀도르프에 기반을 두고 세계 시장에서 성공을 거두었습니다.

뒤셀도르프 주식 시장^{Börse Düsseldorf}

일찍이 대형 이동 통신사를 비롯해 1,500여 개의 정보 통신 기업이 자리한 도시는 기술 혁신의 무대이자 산업 거점이 되었습니다. 일본과 핀란드에 본사를 둔 세계적 정보 통신 기업들도 뒤셀도르프를 유럽의 거점으로 두고 상호 협력하였습니다. 도시가 지닌 창조적 환경과 인재 그리고 클러스터가 성장에 기반이 되었기 때문입니다. 전도유망한 기업들이 자리를 잡으면서 도시에는 약 2만 4천 개에 달하는 새로운 일자리가 창출되었습니다.

패션 분야에서도 뒤셀도르프는 관련 산업을 이끌고 패션쇼와 박람회를 주최하여 관련 산업 분야에서 큰 명성을 얻었습니다. 매년 18만 명이 넘는 무역 관계자들이 이곳을 찾아 최신 패션 트렌드를 경험하고 거래를 진행하였습니다. 8백여 개의 전시장과 3천여 개의 패션 기업들의 활동은 도시에 활기를 불어넣었습니다. 도시는 패션 기업들이 활동할 수 있는 이상적인 환경을 제공하면서 기업들을 유인하였고, 성공적으로 성장할 수 있도록 함께 전략을 세우고 지원하면서 그 명성을 유지할 수 있었습니다. 그 결과 뒤셀도르프는 밀라노, 파리 등과 어깨를 나란히 하며, 세계적인 패션 중심지가 되었습니다.

창조적 사고와 혁신을 이끄는 교육

뒤셀도르프의 창조적인 사고와 혁신은 교육에서 시작됩니다. 다양한 대학과 국제 학교에서 창의적인 교육과 실험적 학습이 진행되며, 이를 통해 도시 전체가 혁신과 창조성을 바탕으로 미래를 향해 나아갑니다.

고등 교육 분야에서는 뒤셀도르프 하인리히 하이네 대학을 비롯하여 순수 예술을 추구하는 쿤스트아카데미, 음악 분야의 클라라 슈만 무직 술레, 로버트 슈만 음악대, 뒤셀도르프 전문대학 그리고 패션과 디자인을 선도하는 AMD 아카데미와 같은 학교들이 도시를 아우릅니다. 예술과 문화뿐만 아니라 과학 분야에서도 활발한 연구가 이루어지며, 막스 플랑크 철 연구소, 괴테 연구소 그리고 WHU-Otto Beisheim School of Management의 뒤셀도르프 캠퍼스가 도시를 빛냅니다.

외국인이 많은 도시로서, 초등 및 중등 교육 분야에서도 뒤셀도르프는 다양한 국제 학교 선택지를 제공합니다. 뒤셀도르프 국제 학교, 뒤셀도르프 프랑스 학교 그리고 뒤셀도르프 일본 국제 학교를 통해 다문화 교육이 지원되며, 학생들은 다양한 배경과 문화를 통해 세계를 더 깊이 이해할 수 있습니다.

또한, 도시 남부에 위치한 뒤셀도르프 하인리히 하이네 대학^{Heinrich Heine}

University of Düsseldorf은 의료 아카데미의 후속 기관으로 설립되어, 지난 수십 년 동안 다섯 개의 시설로 확장되었습니다. 현재 20,000명이 넘는 재학생들을 품고 있어, 이곳은 학문과 연구의 중심지로 자리 잡았습니다.

HHU는 지식과 혁신을 통해 창업을 촉진하는 중심 역할을 합니다. 뒤셀도르프의 기업가 정신을 지원하는 뒤셀도르프의 센터CEDUS는 지역 자영업자와 창업자들을 일원화하여 지원하는 역할을 맡습니다. 이를 통해 코칭, 보조금 지원, 전문 교육 및 지속적 교육 등을 통해 지역 내 창업을 촉진하고 지원합니다. 더불어 HHU는 독일 연방 및 주 정부의 지원을 받아 국제 프로젝트에 참여하며 유럽 연합EU의 일곱 번째 프레임워크 프로그램에서도 중요한 자금 지원을 받습니다.

특히, 의과 대학은 오랜 전통을 자랑하며, 의료, 치과, 공중 보건, 내분비학 등 다양한 의학 분야에서 약 3,000명이 넘는 학생들을 전문가로 양성합니다. 의료 분야의 연구에 있어서 각 분야에서 네트워킹과 서비스를 제공하고 있으며, 종양 연구, 심장 혈관 연구, 신경과 면역학, 당뇨병 등의 현지 조사를 수행하는 핵심 시설을 구축합니다.

예술과 인문학 대학은 약 8,000명의 학생을 수용하고 있으며, HHU의 독일과 국제 정당법 및 정당 연구소PRuF의 활동에 기여합니다. 또한, 수학 및 자연 과학 대학은 6,500명의 학생을 포함하고 있으며, 대학원 클러스터를 운영하며 미국의 대학과 협력하고 있습니다. 생물 의학 연구센터BMFZ와 바이오 경제 과학 센터(다른 대학과 협력하는 54개 학과 클러스터)는 지역 연구 환경을 구축하는 중요한 기관입니다.

경제 및 경제학 대학은 DFGANR 프로젝트 투자로 설립된 뒤셀도르프 경제 연구소DICE를 운영하며, 뒤셀도르프 경제 연구의 중요한 중심지로서 기능합니다. 법학부는 정보기술법률센터Zfl, 의료법센터IMR, 보험법 연구소, 독일 및 국제 정당법 연구소[PRuF]를 갖췄으며, 여기서 교육을 받은 인재들은 지역에서 컨설팅 회사의 일원으로서 법률 서비스를 제공합니다. 뒤셀도르프 하인리히 하이네 대학은 지식과 연구를 중심으로 지역과 국제적인 혁신을 주도하는 학문의 중심지입니다.

2011년, 유럽 미디어 및 비즈니스 아카데미[EMBA]가 뒤셀도르프의 미디어 항구의 Colorium 빌딩 3층에 자리를 잡았습니다. EMBA 뒤셀도르프[Düsseldorf]는 응용 미디어, 비즈니스 관리 그리고 디지털 경영 관리 등 다양한 분야의 15개 등급의 코스를 제공하여 지역의 창조적 역량 개발에 일조합니다. 이 과정은 현대 비즈니스 환경에서 필요한 실무 기술을 강조하며, 학생들에게 창의성과 비즈니스 지식을 효과적으로 전달합니다.

쿤스트아카데미[Kunstakademie Düsseldorf]는 1972년 램버트 크레어가 설립한 미술 학교로, 1773년 이래 다양한 예술 분야로 확장되어 현재는 순수 예술 교육을 수행하는 중요한 교육 기관입니다. 이 학교는 요셉 보이스, 에마누엘 로이체, 게르하르트 리히터, 백남준을 비롯하여 토마스 루프, 토마스 데만드, 토마스 스트루스, 안드레아스 거스키, 칸디다 회퍼 등의 예술가들을 배출한 명문 예술 학교입니다. 작가들은 회화, 조형, 퍼포먼스, 사진 등 다양한 미술 분야에서 현대 예술의 새로운 길을 개척하며 세계적인 이목을 끄는 창조적 작품을 선보였습니다. 쿤스트아카데미는 미술의 혁신과 창의성을 발굴하는 곳으로서 전 세계적으로 인정받았습니다.

이처럼 뒤셀도르프는 국제적으로 인정받는 교육 기관들을 통해 예술과 미디어 분야에서 지속적인 혁신과 창조를 이끌어 냅니다. 학문과 예술의 경지에서 새로운 지평을 여는 상아탑으로서 도시의 대학은 학문적 전통을 이어 가고, 도시에 지속 가능성을 높여 가는 데 기여합니다.

뒤셀도르프의 문화적 다양성과 관용성

뒤셀도르프는 외국인뿐만 아니라 성소수자에 대한 포용 정책을 펼친 문화적 관용의 모델입니다. 뒤셀도르프는 다양한 국적과 문화를 받아들이고 교류하는 활발한 커뮤니티의 중심지입니다. 일본인은 약 1만 1천 명, 유대인은 약 7,600명의 커뮤니티가 형성되어 있을 정도입니다. 외국인 인구는 2000년대 이전뿐만 아니라 2000년 이후로도 지속적으로 증가하였습니다. 터키, 그리스, 폴란드인이 지속적으로 유입되면서 2000년대 말까지 외국인 인구는 약 19%가 증가하였습니다. 외국인 거주자와 방문자에 대한 포용 및 환영 정책과 다양한 사람들을 만나고 소통할수 있는 공간이 마련되었기 때문입니다.

도시는 성소수자에 대해서도 매우 포용적입니다. 게이와 레즈비언 커뮤니티는 자연스럽게 자기 정체성을 표현하고 주민들 속에서 함께 어우러집니다. 도시는 몬테로자 카페The Café Rosa Mond가 운영하면서 성소수자에 대한 도시 정책 과정에 협력하고 지원하였습니다. 도시는 정기적으로 성소수자와 함께하는 게이 및 레즈비언 축제 '크리스토퍼 스트리트 데이CSD'를 개최하며 이들의 무대를 만들고 시민과 방문객들에게 다양한 경험을 제공하였습니다. 라인 카니발 기간에는 '툰테 라우프Tunte Lauf'와 '핑크 먼데이Pink Monday'를, 게이-레즈비언 멀티 스포츠 토너먼트인 '뒤셀 컵'을 개최하며 성소수자를 위한 열린 환경을 제공하였습니다.

이처럼 뒤셀도르프는 외국인과 성소수자에 대한 포용 정책으로 도시민 모두에게 다양한 기회를 제공하였습니다. 다양한 문화와 배경을 가진 사람들이 함께 교류하며 도시에 창의성을 불어넣었습니다. 다양한 문화와 풍요로운 삶을 즐기는 뒤셀도르프는 세계적으로 다양성의 상징 공간이 되었습니다.

크리스토퍼 스트리트 데이

라인강 카니발과 오픈소스 페스티벌

뒤셀도르프, 라인강 유역의 문화와 예술이 꽃을 피우며, 다채로운 문화 행사와 축제로 관광의 지속 가능성을 높여 나갔습니다. 도시는 문화와 예술을 즐기고 사랑하는 이들에게 최고의 장소로 꼽힙니다. 노르트라인-베스트팔렌주의 주도이자 동시에 라인강 카니발 축제의 중심지인 뒤셀도르프에는 7월이면 매년 450만 명 이상의 방문객이 축제에 참여합니다. 매년 11월 11일에는 도시 전체를 환하게 비추는 거대한 퍼레이드가 열리고, 클래식 음악의 아름다움을 즐기는 슈만페스티벌^{Schumannfest},

클럽과 대중문화의 팬들이 찾는 오픈소스 페스티벌^{Open Source Festival}과 독일 최대의 재즈 페스티벌이 열립니다. 도시의 거리와 광장은 음악과 춤, 미술과 열기로 가득 채워집니다.

뒤셀도르프는 단순히 관람하는 것을 넘어 예술과 문화 활동에 참여하고 상호 작용 하는 창조 관광의 무대입니다. 이곳에서는 예술이 생활의 일부로 자리 잡고 있으며, 예술과 문화가 도시의 일상에 깊숙이 뿌리내려 활기찬 분위기를 조성하였습니다. 도시는 창조적인 영감과 열정이 넘치는 이들에게 꿈을 펼칠 수 있는 무한한 가능성을 제공합니다. 다양한 문화 프로그램, 예술 전시회, 연극 공연, 음악 이벤트, 미술 갤러리 등은 예술가와 예술 애호가들이 함께 소통하는 창구가 됩니다. 도시 자체가 예술 작품이자 창작물로서, 예술 작품과 길거리 예술이 도시 곳곳에 펼쳐지면서 예술가와 방문객을 도시로 유인합니다. 이러한 예술적인 활동은 뒤셀도르프를 창조적 사고와 혁신의 중심지로 만들었습니다.

뒤셀도르프는 스포츠 다변화와 저변 확대의 상징이며, 지역 사회와 스포츠 팬들에게 끊임없는 활력을 제공합니다. 축구뿐만 아니라 테니스, 아이스하키, 미식축구, 핸드볼, 농구, 야구, 댄스, 크리켓과 같은 다양한 스포츠 분야에서 뛰어난 성과를 거둬 온 도시입니다.

축구 분야에서 뒤셀도르프는 포르투나 뒤셀도르프^{Fortuna Düsseldorf}라는 지역 연고의 프로 축구팀을 운영하면서 지역 축구 팬들과 소통합니다. 약 5만 4천 석의 현대적인 에스프리 아레나^{Esprit Arena}는 새롭게 단장되어 다양한 스포츠 이벤트와 콘서트 등을 주최하는 복합 문화 공간입니다.

또한, 테니스 분야에서는 로크스 클럽^{Rochusclub Düsseldorf}이 뒤셀도르프를 국제 무대로 끌어올렸습니다. 이 클럽은 1978년부터 시작해 2012년까지 테니스 월드팀 컵^{World Team Cup}을 성공적으로 개최하며 세계적인 테니스 선수들과 팬들을 도시로 불러들였습니다. 또한, 아이스하키 분야에서는 판터^{Düsseldorf Panther}라는 팀이 독일에서 여섯 번을 우승한 가장 성공적인 팀으로 손꼽히고 있습니다.

이러한 노력을 통해 도시는 시민의 건강한 생활을 존속시키고 커뮤니티의 결속력을 높이며, 스포츠를 통한 사회적 상호 작용을 촉진하였습니다. 뒤셀도르프의 스포츠 문화는 단순히 경기 결과를 넘어 지역 사회와의 연결고리를 형성하며, 도시의 정체성을 더욱 풍부하게 만들어 갈 수 있었습니다.

혁신을 목표로 한 스마트 도시

독일의 스마트 도시로 거듭나기 위해 뒤셀도르프는 혁신적인 기술과 미래 도시 전략을 조화롭게 설계하여 도시를 변화시켜 나가고 있습니다. 뒤셀도르프는 도시 문제를 효율적으로 분석하여 주민들의 삶의 질을 높이고, 혁신적인 도시 환경을 조성하는 것을 목표로 하였습니다. 교통, 지속 가능성, 디지털 서비스, 인프라, 경제 발전, 문화 등 다양한 측면을 포괄하는 스마트 시티 전략을 추진하여 유럽형 미래 도시 모델의 표준을 제시하고자 하였습니다.

먼저 도시는 5G 인프라를 구축하여 사물인터넷^{IoT} 및 스마트 도시 애플리케이션을 지원하였습니다. 이는 고속 연결성을 확보하고 다양한 스마트 솔루션을 가능케 하면서 디지털 서비스 기술의 향상과 효율성을 극대화시켰습니다. 더불어 일찍이 데이터 기반의 중요성을 인식하면서 뒤셀도르프 데이터 포털을 통해 광범위한 공개 데이터에 대한 액세스를 제공하여 혁신적인 솔루션의 발전을 이끌었습니다.

모빌리티 영역에서도 도시는 혁신적인 시도를 진행합니다. 지능형 교통 관리 시스템을 활용하여 교통 흐름을 최적화하고 대중교통 시스템을 현대화함으로써 도시의 교통 혼잡을 줄이고 시민들에게 더 나은 이동성을 제공합니다. 전기 스쿠터 공유 서비스를 통해 지속 가능한 도시 이동성을 촉진하고, 공유 경제를 기반으로 한 교통 서비스를 활성화시켜 교통 체증과 탄소 배출을 감소시킵니다.

에너지 분야에서도 도시는 혁신적인 접근을 취합니다. 'Düsseldorf Effizienzhaus Plus' 계획을 통해 지속 가능한 건축과 재생 가능 에너지의 사용을 촉진하고, 스마트 폐기물 관리 솔루션을 구현하여 도시의 친환경적인 발전에 기여합니다. 또한, 지능형 거리 조명 시스템을 도입하여 에너지를 효율적으로 사용하면서 동시에 도시의 안전성을 강화합니다.

뒤셀도르프는 디지털 포털을 통해 시민들에게 다양한 서비스와 정보에 손쉽게 접근할 수 있는 환경을 조성합니다. 참여 예산 프로그램을 도입하여 주민들이 직접 지역 사회를 개선하기 위한 프로젝트를 제안하고 투표할 수 있도록 하면서 투명하고 민주적인 도시 계획을 구축하였습니다.

이처럼 뒤셀도르프는 스마트 도시 전략을 통해 미래 도시를 만들어 나가는 중입니다. 스마트 기술은 단순한 기술 발전이 아닌 인간 중심에 기반을 둔 혁신으로 거주, 교통, 환경, 경제, 문화예술 등 다양한 분야에서 주민들의 삶의 질을 높여 왔습니다. 그 결과, 뒤셀도르프는 현대적이고 지능적인 도시로서의 모범 사례로 떠올랐습니다.

결론: 뒤셀도르프의 지속 가능성 평가

뒤셀도르프는 전통 산업 도시로 그 경제적 기반이 점차 축소되었습니다. 위기를 인식하면서 이를 극복하기 위한 방법으로, 전통적인 항구 지역 중심으로 도시 지역을 재생해 나가면서 도시의 지속 가능성을 높여 나갔습니다. 그리고 장기 프로젝트 전략 수립, 시민들과의 협력적 토대 마련, 알트슈타트 지역의 전통 문화유산 보존 및 문화예술 공간으로의 재탄생, 미디어·패션·정보 통신 등의 창조 산업의 유치, 세계적인 문화예술 교육 활동과 지역 대학의 잠재력 확보, 문화예술 행사, 지역 축제, 박람회 개최 등을 통한 관광 산업 분야의 활성화 등을 통해 도시의 미래를 준비하였습니다. 뒤셀도르프가 미래 도시의 선도적 모델로 설 수 있었던 배경과 전략, 실천 등을 정리해 보면 다음과 같습니다.

첫째, 뒤셀도르프는 장기간 지속된 경제 위기를 시와 시민들이 함께 인식했습니다. 민관 협력을 통해 정책들을 만들고 추진하였으며, 창조적인 창업 활동을 적극적으로 지원하였습니다. 1974년부터 시작된 무역항 메디엔하펜 프로젝트, 수변 공간의 조성은 시와 시민들이 도시 문제 해결을 위해 장기적으로 논의하고 협력하여 성공적인 변화를 이끌어 낸 대표 사례입니다. 또한, 도시에 창의적이고 역동적인 활동이 이루어지도록 '스타츠플라츠 뒤셀도르프'STARTPLATZ Düsseldorf'라는 기관을 설립해 창조성에 기반한 일자리를 창출하고 창업 활동을 지원하였습니다. 그리고 도시 재생을 위한 프로젝트 전략들을 단계적으로 추진하였고, 도시의 재생을 이끌어 내어 창조적인 공간들을 변화시켜 나갔습니다. 4단계에 걸친 미디엔 하펜의 재생을 통해 '게리 빌딩'과 같은 독특한 건축물이 들어

섰으며 예술과 미디어, 광고와 관련된 지역으로 재편되었습니다. 또한, 쾨니히 셀리는 도시 재개발을 통해 '코보겐$^{\text{Kö-Bogen}}$'을 조성하였고, 파리 '몽테뉴에버뉴'와 협력하여 국제적인 고급 쇼핑몰의 이미지로 변화시켜 나갔습니다.

둘째, 지역 전통의 양조장과 라운지, 칵테일 바 등이 들어선 알트슈타트의 전통문화를 유지하고 옛 건축물을 보존하고 있으며, 문화예술 공간을 위한 창조적인 공간을 조성하였습니다. 도시는 '노르트라인 베스트팔렌 미술 전시관$^{\text{Kunstsammlung Nordrhein-Westfalen}}$', 혁신적인 'NRW-포럼$^{\text{NRW-Forum}}$', 유서 깊은 '쿤스트팔라스트 박물관$^{\text{Museum Kunstpalast}}$' 등 26개의 박물관과 100개 이상의 갤러리가 있을 정도로 다양한 문화예술 행사가 개최됩니다. 또한 방송, 광고와 패션, 통신 산업 및 금융·보험 등의 서비스 산업의 중심지로 창조 산업의 기반을 조성하였습니다. 제3차 산업의 비중이 84%에 달하며, 방송·정보·통신 관련 부분이 전체 고용에서 10%를 차지합니다. 광고 및 방송, 정보 통신 분야, 패션 분야의 인프라가 구축되어 창조 산업의 입지로도 각광을 받습니다. 창조적인 사고와 혁신이 이루어질 수 있는 교육 시스템을 갖췄으며, 하인리히 하이네 대학$^{\text{Heinrich Heine University Düsseldorf}}$을 비롯하여 순수 예술로 쿤스트아카데미$^{\text{Kunstakademie Düsseldorf}}$, 음악 대학으로 클라라 슈만 무직슐레, 로버트 슈만 음대$^{\text{Robert Schumann Hochschule}}$ 등의 전문 교육 기관에서 세계적인 인재들이 배출됩니다.

셋째, 문화적으로 관용도가 높은 도시로 외국인뿐만 아니라 성소수자에 대해 관용 정책을 펼치며, 다양한 지역 예술문화 축제를 열어 방문객들을 유인합니다. 외국인 인구가 도시 인구의 19%에 달할 정도로 외국인이 많으며, 도시 정책으로 외국인의 유입을 더욱 강화하였습니다. 게이, 레즈비언 등의 성소수자에 대해서도 적극적인 관용 정책을 펼쳐 오면서 지원을 아끼지 않습니다. 또한 그들이 활동할 수 있는 열린 공간을 조성하고 다양한 축제를 개최합니다. 450만 명이 방문하는 카니발 축제Rhenish Carnival celebrations의 중심 도시이며, 슈만 페스티벌Schumannfest, 오픈소스 페스티벌Open Source Festival, 재즈 페스티벌 등을 개최해 방문객들을 끌어들입니다. 참여하는 축제를 이끌어 그 만족감이 높게 나타납니다.

넷째, 도시는 교통, 지속 가능성, 디지털 서비스, 인프라, 경제 발전, 문화 등 다양한 영역을 아우르는 스마트 시티 전략을 실천하면서 도시의 지속 가능성을 높여 나갔습니다. 사물인터넷 시스템을 도시 전반에 구축하여 데이터를 수집하고 분석해 도시 운영을 최적화하였습니다. 모빌리티 분야에서는 지능형 교통 관리 시스템과 공유 서비스를 도입하여 교통 혼잡을 줄이고 지속 가능한 이동성을 촉진하고, 에너지 분야에서는 지속 가능한 건축과 재생 가능 에너지를 촉진하는 계획을 수립하고 스마트 폐기물 관리 솔루션을 구현하였습니다. 또한, 디지털 포털을 활용하여 시민들에게 다양한 서비스와 정보에 손쉽게 접근할 수 있는 환경을 조성하여 투명하고 민주적인 도시 계획을 구축하였습니다. 이러한 노력을 통해 뒤셀도르프는 스마트 도시로의 전환을 성공적으로 이루어 냈습니다.

그러나 최근 몇 년간 뒤셀도르프는 도시의 여러 부문에서 도전과 난간에 직면하였습니다. 전통적으로 금융, 서비스업, 무역 그리고 패션 산업에 의존했던 뒤셀도르프는 코로나19 팬데믹 이후 주요 산업의 침체로 경제적 타격을 받았습니다. 세계적 공급망의 불안정성과 경제적 불확실성으로 인해 무역과 수출 중심의 기업들이 위축되면서 지역 경제에 악영향을 미쳤습니다. 특히 금융과 서비스업 부문에서 디지털 전환이 가속화되면서 기업들이 구조조정을 단행하거나 도시에서 철수하는 사례가 발생하였습니다.

무엇보다 최근 몇 년간 부동산 가격 상승과 임대료가 급등하면서 중산층과 저소득층의 주거 안정이 위협받고 있습니다. 높은 주거 비용과 생활비로 인해 청년층의 도시 유출이 가속화되었고, 인구 성장세가 둔화되었습니다. 더불어 고령화 현상도 심화되면서 노동력 부족과 경제 생산성 감소라는 악순환을 불러왔습니다.

이러한 난관에 대응하기 위해 도시는 디지털 기술과 지속 가능한 에너지 분야에 대한 투자를 늘리고, 기업 유치와 일자리 창출을 위한 여러 정책을 펼치고 있는 가운데 앞으로도 지속 가능한 도시의 성장 모델로 굳건히 자리 잡게 될지 그 귀추가 주목됩니다.

참고문헌

단행본, 학술지, 연구 보고서

- 김태경, 「창조도시이론과 미래도시 발전방향에 관한 연구」, 경기개발연구원, 2010.
- 김시덕, 『한국 도시의 미래』, 포레스트북스, 2024.
- 더글라스 파르, 다니엘 오 등 역, 『지속가능한 도시 만들기』, 한국환경건축연구원, 2013.
- 디디에 코르니유, 최지혜 등 역, 『도시야 안녕!』, 놀궁리, 2020.
- 사사키 마사유키, 정원창 역, 『창조하는 도시』, 소화, 2004.
- 사사키 마사유키·종합연구개발기구, 이석현 역, 『창조도시를 디자인하라』, 미세움, 2010.
- 원제무, 『창조도시 예감』, 한양대학교 출판부, 2011.
- 이두현, 『창조도시의 시대』, 지식과 감성, 2022.
- 이두현, 「한국의 유형별 창조도시 분석 및 발전 가능성」, 공주대학교 일반대학원, 박사학위 논문, 2022.
- 이두현·류주현, 『미래를 준비한 세계의 도시들』, 지식과 감성, 2024.
- 임서환 외, 『기술주의 너머의 스마트도시』, 한울아카데미, 2024.
- 제프리 삭스, 홍성완 역, 『지속 가능한 발전의 시대』, 21세기북스, 2015.
- City of Dusseldorf(2011), local action plan(2011.04.), City of Dusseldorf.
- City of Austin(2013), Regional School Districts and the City of Austin, City of Austin, https://austintexas.gov/sites/default/files/files/Planning/Demographics/School_Districts_and_The_City.pdf
- Creative Santafe(2014), Creative Business Resource Guide, http://www.creative-santafe.org
- Coy, Owen Cochran(1919), Guide to the County Archives of California, Sacramento, California: California Historical Survey Commission.
- Colliers International Hotel GmbH(2015), Market Report Düsseldorf | Hotel 2014/2015 Düsseldorf Market Report, 2015 Colliers International Hotel GmbH.
- Campbell P.(2011), A catachresis of creativity? Liverpool '08, culture-led regeneration, and the creative industries, PhD. Liverpool University U.K.
- City of Düsseldorf(2016), Düsseldorf 's Media Harbour Culture, communication

and creativity, City of Düsseldorf The Mayor Office of Economic Development, Burgplatz 1 40213 Düsseldorf, Germany.

- Diez Alday & José Antonio, Bessemer cambió la historia, Bilbao 700, http://www. periodistasvascos.com/imagenes/cap_6.pdf

- Duesseldorf(2014), Statistisches Jahrbuch der Landeshauptstadt Düsseldorf - Bevölkerung nach Nationalität, Duesseldorf.

- Darren Henley, Vincent McKernan(2009), The Original Liverpool Sound: T- he Royal Liverpool Philharmonic Society, Liverpool: Liverpool University Press.

- Dainov, E., Nachev, I., Pancheva, M. and Garnizov, V.(2007), The 'Sofia model' Pathways to creative and knowledge-based cities, Amsterdam 2007 AMIDSt, University of Amsterdam.

- Düsseldorf Economy(2015), Media Information(January 2015), Düsseldorf Markting & Tourismus.

- European Commission(2011), The European Cluster Observatory, Priority Sector Report: Creative and Cultural Industries(2011.04), European Union.

- Federal Writers Project of the Works Progress Administration(2011), San Francisco in the 1930s: The WPA Guide to the City by the Bay, University of California Press.

- García, B.(2004), Cultural Policy in European Cities: Lessons from Experience, Prospects for the Future in: Special edition on Cultural Policy and Regeneration, Local Economy, Vol. 19, No. 4, pp.312-326.

- García, B.(2004), Urban Regeneration, Arts Programming and Major events: Glasgow 1990, Sydney 2000 and Barcelona 2004, International Journal of Cultural Policy: Urban Space and the Uses of Culture, Vol. 10, No. 1, pp.103-118.

- Garcia, B.(2009), From Glasgow 1990 to Liverpool 2008 - Retracing two decades of culture-led regeneration initiatives, University of Liverpool, Impacts 08-The Liverpool Model European Capital of Culture Research Programme.

- Gert-Jan Hospers(2003). Beyond the Blue Banana? Structural Change in Europe's Geo-Economy. Intereconomics Vol. 38, No. 2, pp.76-85.

- Hughes, Quentin(1999), Liverpool: City of Architecture, Liverpool: Bluecoat Press.

- Howkins, J.(2013), The creative economy: how people make money from ideas.

UK: Penguin Books.

- Inge van Heck, BSc(2011), The European Capital of Culture: Aims, expectations, outcomes and cooperations in relation to this high profile mega event, Radboud University Nijmegen Master Thesis - Economic Geography.

- Impacts 08(2010), The economic impact of visits influenced by the Liverpool ECoC in 2008, Liverpool: Impacts 08. https://www.liverpool.ac.uk/media/livacuk/impacts08/pdf/pdf/Economic_Impact_of_Visits.pdf

- Invest in Bilbao(2016), 2016 Invest in Bilbao, http://www.investinbilbao.com
  IPPR(2006), City Leadership: Giving City-Regions the Power to Grow Adam Marshall and Dermot Finch/Liverpool and its City-Region, London: Centre for Cities. https://www.ippr.org/files/ecomm/files/city_leadership_execsum.pdf.

- Richard Florida & Irene Tinagli(2004), Europe in the Creative Age, Demos, Europe.

- Jones, Chad(2014), Tonys By the Bay, Theatre Bay Area Magazine(May/June 2014).

- Jones, Ron(2004), Albert Dock, Liverpool, London: Ron Jones Associates.

- Jacobs, J.(1965), The Economy of Cities, New York: Random House.

- Jacobs, J.(1985). Cities and the Wealth of Nations: Principles of Economic Life, New York: Vintage.

- Joseph Sharples(2004), Pevsner Architectural Guides: Liverpool, Yale University Press.

- Jörg Plöger(2007), Bilbao City Report, CASEreport 43, London: LSE.

- Kelly B. & Ashe S.(2014), Geographies of deprivation and diversity in Glasgow, Manchester: ESRC Centre on Dynamics of Ethnicity (CoDE), http://www.ethnicity.ac.uk/medialibrary/briefings/localdynamicsofdiversity/geographies-of-deprivation-and-diversity-in-glasgow.pdf.

- KEA European Affairs(2009), The Impact of Culture of Creativity, European Commission.

- Kanazawa city(2013), Aimingto Make Kanazawa a "Hub of International Exchange", https://www4.city.kanazawa.lg.jp/data/open/cnt/3/19425/1/english.pdf?20131106210403

- Liverpool City Council(2009), Liverpool Economic Briefing - March 2009(March

2009), Liverpool City Council.
- Liverpool Vision(2010), Economic Data, Liverpool Vision.
- Liverpool City Council(2009), Liverpool Economic Briefing(2009.03), http://consult.liverpool.gov.uk/portal/draft_liverpool_local_plan?pointId=s1429871578425.
- London Development Agency(2006), Strategies for creative spaces - Barcelona Case Study, London: LDA.
- Marta Weigle, Kyle Fiore(2008), Santa Fe and Taos: The Writer's Era, 1916-1941, Santa Fe: Sunstone Press.
- Santafe.org(2015), Santafe official 2015 guide, (https://www.santafe.org/images/LinksEmbed/3/19763-Santa%2520Fe%2520Guide%25202015%2520Digital%2520Edition.pdf)
- SAIS, Guide to living in Bologna: Academic Year 2011-2012, The Johns Hopkins University Bologna Center.
- The Northern Way(2009), City Relationships: Economic Linkages in Northern city regions Liverpool City Region(2009. 11.), https://www.centreforcities.org/wp-content/uploads/2014/09/City-Relationships-Liverpool.pdf.
- UNESCO(2009), 10 Things to know about SANTA FE UNESCO City of Crafts and Folk Art UNESCO City of Design(2009.07.), UNESCO.
- URBACT(2014), Final report and Local action plan: BOLOGNA, CREATIVE SPIN, URBACT.
- University of Helsinki(30 September 2005), Päivi Aronen Strategic Planning and Development/Academic Affairs, University of Helsinki, http://docplayer.net/30756166-Bologna-process-at-the-university-of-helsinki-policies-for-the-bachelor-s-and-master-s-degree-programmes.html.
- V.A.(1998), La Ría, una razón de ser(October-December 1998), Bilbao.
- VEGAP(2013), Guggenheim Museum Bilbao Annual Report 2012, Bilbao.
- Wuppertal Institut für Klima Umwelt Energie GmbH(2013), Emscher 3.0, Bönen: DruckVerlag Kettler.
- Wiley, Peter Booth(2000), National trust guide- San Francisco: America's guide for architecture and history travelers, New York: John Wiley & Sons.

웹사이트

- 가나자와시(http://www4.city.kanazawa.lg.jp)

- 가나자와 관광(http://www.kanazawa-tourism.com/)

- 구글맵(https://www.google.co.kr/maps)

- 리버풀 관광(http://www.visitliverpool.com/)

- 러버풀 시의회(http://www.liverpool.nsw.gov.au/)

- 도르트문트시(https://www.dortmund.de/)

- 뒤셀도르프 관광청(http://www.duesseldorf-tourismus.de/en/)

- 뒤셀도르프시(http://www.duesseldorf.de/de/)

- 몬드라곤 대학(http://www.mondragon.edu/en/)

- 비트부르거(https://agecheck.bitburger-braugruppe.de/)

- 빌라휘겔(http://www.villahuegel.de/en/)

- 산타페(http://www.santafenm.gov/)

- 세계지적재산권지구(http://www.wipo.int)

- 스탠포드대학교(https://www.stanford.edu/)

- 월드맵파인더(http://www.worldmapfinder.com/)

- 위키트래블(http://wikitravel.org/)

- 유네스코 한국위원회(https://www.unesco.or.kr/)

- 졸페라인(https://www.zollverein.de/)

- 텍사스주립대학교(https://www.utexas.edu/about/overview)

- 텍사스오스틴(http://www.austintexas.gov/)

- Basquefest(http://basquefest.com/)

- Bilbao Emergency(https://www.bewelcome.org/)

- Bilbao Ría 2000(http://www.bilbaoria2000.org/ria2000/index.htm)

- Bilderbuch-Duesseldorf(http://www.bilderbuch-duesseldorf.de/)

- City Data(http://www.city-data.com/)

- Caratart(http://www.caratart.de/en)

- Destinationhotels(https://www.destinationhotels.com/)

- Duisburger-Akzente(http://www.duisburger-akzente.de/)

- DUISPORT(http://www.duisport.de/?lang=en/)

- Designboom(http://www.designboom.com/)
- Duesseldorf Tourismus(http://www.duesseldorf-tourismus.de/)
- Forschung.uni-duesseldorf(http://www.forschung.uni-duesseldorf.de/)
- Geograph(http://www.geograph.org.uk/)
- Gasometer(http://www.gasometer.de/en/)
- IBA Emscherpark(http://www.iba-emscherpark.de/pageID_2507086.html)
- Landschaftspark(http://en.landschaftspark.de/)
- Liverpoolmuseums(http://www.liverpoolmuseums.org.uk/)
- Liverpool City Council(https://liverpool.gov.uk/)
- Liverpoolphil(http://www.liverpoolphil.com/)
- Liverpoolcityhalls(http://liverpoolcityhalls.co.uk/)
- Liverpoolpsda(http://www.liverpoolpsda.co.uk)
- KNOEMA(https://knoema.com/CITIES/)
- Mathew(http://www.mathew.st/)
- Millionairesconcierge(http://millionairesconcierge.com/)
- Medrsd(http://www.medrsd.hhu.de/en.html)
- Motorstars(http://www.motorstars.org)
- Musenkuss-duesseldorf(http://www.musenkuss-duesseldorf.de/)
- NYU(https://www.nyu.edu/)
- Numbeo(https://www.numbeo.com/)
- Open Source Festival(http://open-source-festival.de/)
- Pacific Quay(http://www.pacificquay.co.uk)
- PlanetWare(http://www.planetware.com/)
- Pacificquay(http://www.pacificquay.co.uk)
- Santafe(http://santafe.org/)
- Sankeien(http://www.sankeien.or.jp/)
- SFSU(https://cel.sfsu.edu/)
- SFCM(https://www.sfcm.edu/)
- SFMOMA(https://www.sfmoma.org/)
- SFGATE(http://www.sfgate.com/)

- Signs-d(http://www.signs-d.ne.jp/watcher/1549.html)

- St georges hall(http://liverpoolcityhalls.co.uk/)

- Skyscrapercity(http://www.skyscrapercity.com/)

- Sanfrancisco(http://www.sanfrancisco.net/museums)

- Sntafe(http://santafe.org/)

- U.S. Census Bureau(http://www.census.gov/)

- UNIBO(http://www.unibo.it/)

- World Cities Culture Forum(http://www.worldcitiesculureforum.com/)

- WTC barcelona(https://www.wtcbarcelona.com/en/)

- Wordpress(https://thecityofliverpool.wordpress.com/)

- World Bank(http://datatopics.worldbank.org/)

신문

- 「라인의 기적 낳은 '칼의 도시' 졸링겐」, 《동아비즈니스리뷰》, 2009년 10월 Issue 2, https://dbr.donga.com/article/view/1202/article_no/2410

- 「[뉴욕의 창] 미국은 지진에 잘 대비하고 있을까」, 《이코노믹 리뷰》, 2016.09.15., http://www.econovill.com/news/articleView.html?idxno=298184

- 「[미국] 금문교 너머로 보이는 한 폭의 그림같은 도시」, 외교부 서포터스 공식 블로그 (https://blog.naver.com/mofakr/220449008046)

- 「미국 도시민 3.6% 성소수자…샌프란시스코 6.2% 최고」, 《연합뉴스》, 2015.03.22., https://www.yna.co.kr/view/AKR20150322004300091

- 「미 샌프란시스코 고교서 '성소수자 과목' 정식 채택」, 《연합뉴스》, 2015.08.08., https://www.yna.co.kr/view/AKR20150808002500075

- 「샌프란시스코에서는 춤을 추세요」, 《트래비 매거진》, 2018.05.09., https://www.travie.com/news/articleView.html?idxno=20256

- 「샌프란시스코 사무실 임대료, 맨해튼 추월」, 《YTN》, 2016.01.10., https://www.ytn.co.kr/_ln/0104_201601100900028581

- 「샌프란시스코·뉴욕 등 아파트 월세 상승세 주춤」, 《연합뉴스》, 2016.07.15., https://www.yna.co.kr/view/AKR20160715042800091

- 「샌프란시스코·실리콘밸리는 '세계 게이들의 수도'」, 《연합뉴스》, 2014.10.31., https://www.yna.co.kr/view/AKR20141031014100091

- 「'생명공학 메카' 샌프란시스코서 바이오산업 박람회」, 《연합뉴스》, 2016.06.06., https://www.yna.co.kr/view/AKR20160606059400017

- 「샌호세 '가장 일하기 좋은 도시' 선정」, 《중앙일보》, 2016.05.19. http://www.koreadaily.com/news/read.asp?art_id=4279242

- 「〈'4차 산업혁명'에 미래 달렸다〉스스로 주제 제안 '프로젝트 학습' 붐」, 《문화일보》, 2016.10.18., http://www.munhwa.com/news/view.html?no=2016101801030421078001

- 「쇠퇴한 산업도시가 '유럽 문화의 중심지'로」, 《경기일보》, 2015.10.30., http://www.kyeonggi.com/news/articleView.html?idxno=979876

- 「시민행복에 초점 둔 리모델링… '퇴물이 명물로'」, 《경북매일》, 2015.11.04., http://www.kbmaeil.com/news/articleView.html?idxno=366786

- 「시민 손으로 시민이 즐기는 도시공원 만든다」, 《강원도민일보》, 2015.05.06., http://www.kado.net/news/articleView.html?idxno=730434

- 「싱가포르, 작년 관광객 1640만명 돌파…소비액만 28조」, 《아주경제》, 2017.06.26., https://www.ajunews.com/view/20170626112218082

- 「실적 부진 트위터, 본사건물 일부 재임대」, 《ZDNet Korea》, 2016.08.10., http://www.zdnet.co.kr/news/news_view.asp?artice_id=20160810073334&type=det&re=#csidxd12a377203669eba0d1f6746c7c3a1d

- 「[여행가 화제] 타킷 세분화·스토리텔링…싱가포르 '관광허브' 비전 제시」, 《매일경제》, 2017.02.13., https://www.mk.co.kr/news/culture/7709562

- 「영국 학교는 이렇게 다르다」, 《신동아》, 2010.10.05., http://shindonga.donga.com/3/all/13/109738/1

- 「[오늘의 경제소사/4월18일] 샌프란시스코 대지진」, 《서울경제》, 2008.04.17., https://m.sedaily.com/NewsView/1HUCTKQHV4#cb

- 「우버·에어비앤비에 택시회사·숙박업체 집단 반발 英 법원·美 뉴욕주, 규제책 잇따라 내고 단속 나서」, 《이코노미조선》, 2016.11.21. https://economychosun.com/site/data/html_dir/2016/11/21/2016112100000.html

- 「유럽의 이슬람化가 한국에 주는 교훈」, 《미래한국》, 2016.04.07. http://futurekorea.co.kr/news/articleView.html?idxno=31481

- 「이해준 희망가족 여행기〈23〉 대안적 자본주의 모델, 몬드라곤 협동조합…스페인 몬드라곤」, 《헤럴드경제》, 2012.10.19., http://news.heraldcorp.com/view.php?ud=20121018000743&md=20121203090212_BL
- 「자연주의 라벨영 '2015 샌프란시스코 선물용품 박람회' 참가」, 《헤럴드경제》, 2016.01.20., http://biz.heraldcorp.com/village/view.php?ud=201601201553016969522_4
- 「잡스·게이츠·저커버그 … 영재 기업인이 희망이다」, 《중앙일보》 2013.02.24., https://www.joongang.co.kr/article/10768155
- 「[폐광지 산업문화유산을 살리자] 11. 에필로그-탄광촌의 새로운 희망찾기」, 《강원도민일보》, 2011.11.16., https://www.kado.net/news/articleView.html?idxno=540102
- 「[폐광지 산업문화유산을 살리자] 7. '유럽 문화 수도' 독일 루르지역서 배운다 - 1」, 《강원도민일보》, 2011.10.19., http://www.kado.net/news/articleView.html?idxno=536019
- 「프랑크푸르트, 독일에서 범죄 발생률 1위」, 《세계일보》, 2007.04.16., http://www.segye.com/content/html/2007/04/13/20070413001325.html
- 「폐허된 제철소는 '관광명소' 화려한 부활」, 《경기일보》, 2015.06.15. http://www.kyeonggi.com/?mod=news&act=articleView&idxno=979901&sc_code=1439458541&page=&total=
- 「[포스트모던 이코노미] 주커버그는 왜 다른 도시에서 출퇴근할까」, 《조선일보》, 2015.07.29., http://biz.chosun.com/site/data/html_dir/2015/07/28/2015072801334.html
- 「카탈루냐도 '독립 바람'…11월 투표 강행키로」, 《한국경제》, 2014.09.11., http://www.hankyung.com/news/app/newsview.php?aid=2014091100601
- 「트위터 떠나지마! -샌프란시스코 법 고쳐」, 《ZDNetKorea》, 2011.04.06., http://www.zdnet.co.kr/news/news_view.asp?artice_id=20110406165117&type=det&re=#c-sidx21318f46e2eb9cab893da6c7b8dc33e
- 「'황금도시' 샌프란시스코, 길거리 범죄 증가로 골머리」, 《국민일보》, 2016.04.26., https://www.kmib.co.kr/article/view.asp?arcid=0010562696
- 「협동조합으로 일하기」, 《여성신문》, 2015.12.08., http://www.womennews.co.kr/news/view.asp?num=88862
- 「'21세기 골드러시'…수소에너지에 돈 몰린다」, 《한경비즈니스》, 2015.08.10., https://magazine.hankyung.com/business/article/202102227096b
- 「美서부의 바이오 스타트업 둥지… "아이디어만 갖고 오세요"」, 《조선일보》, 2016.11.09.,

http://businessnews.chosun.com/site/data/html_dir/2016/11/09/2016110900796.
html

- 「美 NFL 구단 평균 가치 2.6조원 '전년比 19% 상승'」, 《아시아경제》, 2016.09.15., http://
  view.asiae.co.kr/news/view.htm?idxno=2016091520263668353

- 「獨서 '마피아 전쟁'…6명 숨져」, 《뉴시스》, 2007.08.15., http://news.naver.com/main/
  read.nhn?mode=LSD&mid=sec&sid1=104&oid=003&aid=0000528866

- 「獨, 프랑크푸르트 가장 범죄율 높은 도시 오명」, 《노컷뉴스》, 2005.05.04., http://
  news.naver.com/main/read.nhn?mode=LSD&mid=sec&sid1=104&oid=079&a
  id=0000036025

- 「英 스코틀랜드 수반 "우리는 EU단일시장에 남겠다" 천명」, 《연합뉴스》, 2016.12.20.,
  https://www.yna.co.kr/view/AKR20161220181500085

- 「"東유럽 집시가 생계 위협"…경제난 西유럽 '부글부글'」, 《한국경제》, 2013.12.15., http://
  www.hankyung.com/news/app/newsview.php?aid=2013121563951

- 「51전52기 앵그리버드… 실패가 발목 잡았다면 날수 없었다」, 《동아일보》, 2013.06.10.,
  http://news.donga.com/3/all/20130609/55740957/1#csidxc797d3d45b5931db-
  f3a1c07d78a6e9d

- 「"SF 흑인들 어디로 갔나?"」, 《미주한국일보》, 2016.11.25., http://www1.koreatimes.
  com/article/20161125/1025728

- 「UC 6개 캠퍼스 미 공립대 랭킹 탑10」, 《한국일보》, 2016.09.19. http://www.korea-
  times.com/article/1012450

- 「LGBT영화제 세계지도」, 《맥스무비》, 2016.06.10., https://www.maxmovie.com/
  news/243872, 재인용.

- 「행복한 건축 - 2부 소통을 넘어 치유로」, 〈EBS 다큐프라임〉, 2015.10.04. 방송.

- 「Singapore economy sees record expansion in 2010」, 《BBC》, 2011.01.03., https://
  www.bbc.com/news/business-12106645

출처

13p / 샌프란시스코 /

https://www.pexels.com/photo/sea-coast-in-san-francisco-17003978/

16p / 개척 당시 샌프란시스코 항만 경관[1851년] /

https://en.wikipedia.org/wiki/File:SanFranciscoharbor1851c_sharp.jpg

17p / 샌프란시스코 대지진 /

https://commons.wikimedia.org/wiki/File:San_francisco_fire_1906.jpg

19p / 샌프란시스코 /

https://commons.wikimedia.org/wiki/File:San_Francisco.jpg - 글렌 스카버러

21p / 금문교 /

https://www.pexels.com/photo/golden-gate-bridge-san-francisco-2104742/

22p / 차이나타운 /

https://commons.wikimedia.org/wiki/File:Chinatown,_Grant_Ave._San_Francisco.
jpg - 단산드라데

26p / Pier 7 항만 시설 / https://commons.wikimedia.org/wiki/File:San_Francisco_
from_Pier_7_September_2013_004.jpg - 하트의 왕

31p / 샌프란시스코 현대미술관[SFMOMA] /

https://commons.wikimedia.org/wiki/File:San_Francisco_Museum_of_Modern_Art_
Building.jpg - 미네트 론시

33p / 샌프란시스코 금융지구 /

https://commons.wikimedia.org/wiki/File:San_Francisco_Financial_District_from_
the_Bank_of_America_Building.jpg - 에이브 빙엄

37p / 캘리포니아대학교 버클리 /

https://commons.wikimedia.org/wiki/File:UC-Berkeley-campus-overview-from-
hills.h.jpg - 사용자:내성적

38p / 릴런드 스탠퍼드 주니어 대학교 /

https://commons.wikimedia.org/wiki/File:Aerial_view_of_The_Leland_Stanford_
Junior_University.jpg - 지체 쿠페루스(Jitze Couperus)

42p / 'SF Pride'[San Francisco Pride] /

https://commons.wikimedia.org/wiki/File:San_Francisco_%283436%29_-_City_
Hall_Pride_%2814498278579%29.jpg - 테하니 슈뢰더

45p / 골든게이트 파크 /

https://commons.wikimedia.org/wiki/File:Golden_Gate_Park.jpg

55p / 리버풀 /

https://commons.wikimedia.org/wiki/File:Views_from_St._John%27s_Beacon_of_
the_Liverpool_Waterfront._-_Flickr_-_Radarsmum67.jpg - Radarsmum67

57p / 머지강 유역에 위치한 리버풀 /

https://commons.wikimedia.org/wiki/File:Liverpool_Skyline.PNG - 포일맨

61p / 리버풀 원 /

https://commons.wikimedia.org/wiki/File:Liverpool_One_24.jpg - 존 브래들리

63p / 에코 아레나와 관람차 /

https://commons.wikimedia.org/wiki/File:Ferris_wheel_next_to_the_Echo_Are-
na_-_geograph.org.uk_-_2090678.jpg - 레이몬드 냅먼

64p / 알버트 독^{Albert Dock} /

https://commons.wikimedia.org/wiki/File:Albert_Dock_Liverpool_wts.jpg - Christo-
pher Kern - 사용자: (WT-shared) Albion at wts wikivoyage

65p / 피어 헤드^{Pier Head} /

https://commons.wikimedia.org/wiki/File:Pier-Head-Liverpool-Eurovision-Vil-
lage-2023.jpg - 에이스디스커버리

67p / 오리엘 챔버 /

https://commons.wikimedia.org/wiki/File:Oriel_Chambers,_Liverpool_34.jpg - 제레
스넬로

69p / 리버풀대학교 /

https://commons.wikimedia.org/wiki/File:University_of_Liverpool_build-
ing%28s%29_08.jpg - 슈퍼칠럼

72p / 메트로폴리탄 대성당 /

https://commons.wikimedia.org/wiki/File:Liverpool_Metropolitan_Cathedral_01.jpg
- 슈퍼칠럼

72p / 알라마 모스크 /

https://commons.wikimedia.org/wiki/File:Al-Rahma_Mosque,_Liverpool_%282%29.
JPG - 답글0n1x

74p / 피어 헤드에 세워진 비틀즈 동상 /

https://commons.wikimedia.org/wiki/File:The_Beatles_statue_at_Pier_Head,_Liverpool,_England_%282016-09-02_16.52.58_by_NH53%29.jpg - 국립홍수53

75p / 매튜스트리트의 카벤 클럽 /

https://commons.wikimedia.org/wiki/File:Cavern_Club_entrance_%26_John_
Lennon_statue_-_Mathew_Street,_Liverpool_%282015-11-11_16.11.37_by_Loco_
Steve%29.jpg - 로코 스티브

76p / 리버풀 FC의 안필드 /

https://commons.wikimedia.org/wiki/File:Anfield,_7_December_2013.jpg - 루아라이
드 길리스

85p / 빌바오 /

https://commons.wikimedia.org/wiki/File:Bilbao_cityview_from_Monte_Artxan-
da_%28Espa%C3%B1a_2019%29_%2833853014688%29.jpg - Paul Arps

88p / 빌바오의 전경 /

https://commons.wikimedia.org/wiki/File:BILBAO.jpg - 안드레아 보치노

90p / 빌바오항 /

https://commons.wikimedia.org/wiki/File:Bilboko_portua,_Euskal_Herria.jpg - 미켈
아라졸라

94p / 아반도이바라 /

https://commons.wikimedia.org/wiki/File:Le_quartier_Abandoibarra_de_Bil-
bao_%283451418381%29.jpg - 장 피에르 달베라

97p / 구시가지인 카스코비에호 /

https://commons.wikimedia.org/wiki/File:Vue_de_la_ville_ancienne_%28Casco_
Viejo%29_de_Bilbao_%283452403823%29.jpg - 달베라

99p / 구겐하임 미술관 /

https://commons.wikimedia.org/wiki/File:Guggenheim_museum_Bilbao_HDR-im-
age.jpg - 필립 마이월드(니코폴)

100p / 에우스칼두나The Euskalduna /

https://commons.wikimedia.org/wiki/File:Bilbao_-_Euskalduna_-_Farolas_01.jpg
- 바소체리 에우스칼두나The Euskalduna / https://commons.wikimedia.org/wiki/
File:Bilbao_-_Euskalduna_6.JPG

102p / 아롱디하 빌바오^{Alhóndiga Bilbao} /
https://commons.wikimedia.org/wiki/File:Alh%C3%B3ndiga_Municipal-Bilbao.jpg -
마이크모드

105p / 데우스토 대학^{University of Deusto} /
https://commons.wikimedia.org/wiki/File:University_of_Deusto,_Bilbao,_
July_2010_%2801%29.JPG - 아르드펀

109p / 세마나 그란데^{Semana Grande} /
https://commons.wikimedia.org/wiki/File:Semana_grande,_Bilbao.jpg - 코랄마*

117p / 엠셔파크 /
https://commons.wikimedia.org/wiki/File:LG_Olga1.jpg - G. 사와츠키

120p / 엠셔파크 지역 /
https://commons.wikimedia.org/wiki/File:Emscher_M%C3%BCndung_Rhe-
in_%2851721411966%29.jpg - BAW_Bundesanstalt für Wasserbau

122p / 뒤스부르크항 /
https://commons.wikimedia.org/wiki/File:Innenhafen_Duisburg_Five_Boats_mit_
Marina_Sonnenuntergang_2014.jpg - 턱시소

123p / 에센 스카이라인 /
https://commons.wikimedia.org/wiki/File:Essen-Stadtkern.jpg - 위키05

124p / 빌라 휘겔^{Villa Hügel} /
https://commons.wikimedia.org/wiki/File:Oberhalb_des_Baldeneysees_liegt_idyl-
lisch_die_Villa_H%C3%BCgel_im_S%C3%BCden_von_Essen._Als_ehemaliger_Famil-
iensitz_der_Familie_Krupp_ist_die_Villa_eine_der_bedeutendsten_Sehensw%C3%B-
Crdigkeiten_im_Ruhrgebiet._-_panoramio.jpg - 한스피터

125p / 티센크루프의 본사 /
https://commons.wikimedia.org/wiki/File:Thyssen-Krupp-Quartier-Es-
sen-Q1-2013-03.jpg - 턱시소

126p / 도르트문트 스카이라인 /
https://commons.wikimedia.org/wiki/File:Dortmund_City.jpg - 볼프강 훈셔, 도르트문트

128p / RWE-Tower /

https://commons.wikimedia.org/wiki/File:Aalto_Theater_mit_RWE_Tower_2014.jpg
- 턱시소

132p / 엠셔게노센샤프트 /

https://commons.wikimedia.org/wiki/File:Fault%C3%BCrme_von_der_Em-
schergenossenschaft_Kl%C3%A4ranlage_Bottrop,_links_Qualm_und_Feuer_von_
der_ArcelorMittal_Bottrop_GmbH_Kokereien_-_panoramio.jpg - 한스피터

135p / 뒤스부르크의 란트샤프트 파크 /

https://commons.wikimedia.org/wiki/File:Duisburg_Landschaftspark_Duis-
burg-Nord_26.jpg - 자이론

135p / 뒤스부르크의 란트샤프트 파크 /

https://commons.wikimedia.org/wiki/File:Landschaftspark_Duis-
burg-Nord_2020_-_Hoch%C3%B6fen_1_und_2_mit_Lichtinstallation.jpg - 토로

136p / 에센의 졸페라인 /

https://en.m.wikipedia.org/wiki/File:Essen_-_Zeche-Zollverein_-_Ein-
gangstor_-_2013.jpg - 아브다

137p / 유럽 최대의 쇼핑몰인 '첸트로CentrO' /

https://commons.wikimedia.org/wiki/File:CentrO_%C3%9Cbersicht.jpg - 레이몬드
스피킹

138p / 가스탱크에서 전시 공간으로 변화된 가소메터 /

https://commons.wikimedia.org/wiki/File:NRW,_Oberhausen,_Gasometer_02.jpg -
Островский 알렉산드르, 키예프

139p / 경석장 위에 조성된 테트라에다 /

https://commons.wikimedia.org/wiki/File:Tetraeder_Bottrop_2020.jpg - 자페2007

151p / 산타페 /

https://commons.wikimedia.org/wiki/File:Downtown_Santa_Fe_%287727204516%29.
jpg - 레넷 스토우

153p / 푸에플로 양식의 어도비 건축 /

https://commons.wikimedia.org/wiki/File:Hotel_Santa_Fe_New_Mexico.jpg - Curt
Smith

158p / 어도비 건축 /

https://en.m.wikipedia.org/wiki/File:Santa_Fe_adobe.jpg - 카롤 엠

159p / 어도비 형태의 산타페의 호텔 '라폰다La Fonda' /

https://commons.wikimedia.org/wiki/File:La_Fonda_Hotel,_Santa_Fe,_NM_7-29-

13_%2811388407983%29.jpg - inkknife_2000

160p / 캐년 로드에 자리한 갤러리 /

https://commons.wikimedia.org/wiki/File:Canyon_Road_in_Santa_Fe,_New_Mexi-

co,_USA_%28103%29.jpg - M.부카

164p / 현대 원주민 예술 박물관 /

https://commons.wikimedia.org/wiki/File:Santa_Fe,_New_Mexico,_USA_-_Muse-

um_of_Contemporary_Native_Arts_-_panoramio_%288%29.jpg - 마렐부

165p / 렌식 예술 센터Lensic Performing Arts Center /

https://www.flickr.com/photos/kenlund/68735087 - Ken Lund

170p / 산타페 기념물을 구입하기 위해 상점을 찾은 방문객들 /

https://commons.wikimedia.org/wiki/File:SantaFePlaza_Market.jpg - 클린무사

172p / 산타페의 행사 중 춤을 추는 아즈텍 무용수들 /

https://commons.wikimedia.org/wiki/File:2017_Santa_Fe_Days_in_the_

Park_22_%28Mitotiliztli_Yaoyollohtli_Aztec_dancers%29.jpg - 마이클 바레라

179p / 가나자와 /

https://commons.wikimedia.org/wiki/File:Kanazawa_Teeviertel_Higashiyama_Cha-

ya_18.jpg - 자이론

182p / 가나자와성 /

https://commons.wikimedia.org/wiki/File:Kanazawa_castle.jpg

183p / 겐로쿠엔 /

https://commons.wikimedia.org/wiki/File:Kotojitoro_%28lantern%29_in_Ken-

rokuen_garden,_Kanazawa,_Japan_%282621644979%29.jpg - 김온베를린

184p / 가나자와역과 쓰즈미몬 /

https://commons.wikimedia.org/wiki/File:Tsuzumi-mon,_Kanazawa_Station_-_

Kanazawa,_Japan_-_DSC09640.jpg

184p / 히가시 차야가이[東茶屋街] /
https://commons.wikimedia.org/wiki/File:Higashichayagai.JPG - 로드아메스
190p / 히가시 차야가이 야경 /
https://commons.wikimedia.org/wiki/File:Kanazawa_Nishi_Chaya_
Dusk_%2845916568732%29.jpg - Benh LIEU SONG
193p / 가나자와 21세기 미술관 /
https://commons.wikimedia.org/wiki/File:21st_Century_Museum_of_Contempo-
rary_Art,_Kanazawa002.jpg - 김치시
193p / 가나자와 21세기 미술관 /
https://commons.wikimedia.org/wiki/File:Kanazawa_21st_Century_Museum.jpg -
킴즈
195p / 가나자와 금박을 활용한 아이스크림 /
https://commons.wikimedia.org/wiki/File:Gold_leaf_on_soft_ice_cream_-_Kanaza-
wa,_Japan_-_DSC00135.jpg

205p / 뒤셀도르프 /
https://commons.wikimedia.org/wiki/File:D%C3%BCsseldorf,_Marina_D%C3%BCs-
seldorf.JPG - 로키더루스터
208p / 메디엔하펜[Median Hafen] /
https://de.m.wikipedia.org/wiki/Datei:MK11591_Hafenspitze_D%C3%BCsseldorf.jpg
- Martin Kraft
209p / 괴니히살레 /
https://commons.wikimedia.org/wiki/File:Koenigsalle-2.JPG - Danielsp~common-
swiki
216p / 게리 빌딩[Gehry-buildings] /
https://commons.wikimedia.org/wiki/File:Gehry_photo_office_buildings_river_
bank_fa%C3%A7ade_01_D%C3%BCsseldorf_Germany_2005-07-27.jpg
218p / 코보겐[Kö-Bogen] 전경 /
https://commons.wikimedia.org/wiki/File:K%C3%B6-Bogen_D%C3%BCsseldorf,_
Dezember_2013_DSC05626_easyHDR-BASIC-2.jpg - 펄블라우

218p / 알트슈타트의 볼커 거리^{Bolkerstraße} /
https://commons.wikimedia.org/wiki/File:D%C3%BCsseldorf-Altstadt_Bolker-stra%C3%9Fe.jpg - 마렉 게르만

220p / 빌럼 동상과 뒤셀도르프 시청 /
https://commons.wikimedia.org/wiki/File:Jan-Wellem-Reiterdenkmal,_Marktplatz,_D%C3%BCsseldorf_-_2313.jpg - 아닐 오에즈타스

220p / 벤라트 궁전 /
https://commons.wikimedia.org/wiki/File:Schloss_Benrath_Corps_de_Lo-gis_%28D%C3%BCsseldorf%29_%2811%29.jpg - 다이아우라스

221p / 뒤셀도르프 샤우슈필하우스 /
https://commons.wikimedia.org/wiki/File:The_Third_Space,_Gustav-Gr%C3%BCnd-gens-Platz,_Schauspielhaus,_D%C3%BCsseldorf_23._April_2021_%2801%29.jpg

222p / 톤할레^{Tonhalle} /
https://commons.wikimedia.org/wiki/File:Tonhalle_D%C3%BCsseldorf_-_Blick_von_der_Oberkasseler_Br%C3%BCcke.JPG - 모든사진

223p / K20 그라베플라츠^{Grabbeplatz} /
https://commons.wikimedia.org/wiki/File:D%C3%BCsseldorf_-_Grabbeplatz_%2B_K20_01_ies.jpg - 프랭크 빈센트

223p / K21 슈텐데하우스^{Ständehaus} /
https://commons.wikimedia.org/wiki/File:Duesseldorf-Staendehaus_abends.jpg - 얀 하이트코터

225p / 뒤셀도르프 주식 시장^{Börse Düsseldorf} /
https://commons.wikimedia.org/wiki/File:B%C3%B6rse_D%C3%BCsseldorf_4.jpg - 자신의 작업

230p / 크리스토퍼 스트리트 데이 /
https://commons.wikimedia.org/wiki/File:CSD_N%C3%BCrnberg_06.webp